W0073125

GEORG
MARKUS
**Das gibt's nur
bei uns**

GEORG MARKUS

Das gibt's nur bei uns

Erstaunliche Geschichten aus Österreich

Mit 58 Abbildungen

Amalthea
Verlag

Für Daniela,
Mathias und
Moritz
in Liebe

INHALT

Warum gibt's das nur in Österreich?
Vorwort

Natürlich gibt es auch anderswo Kronprinzen, Kammerdiener, Liebschaften, Scheidungsaffären, Riesen, Schnorrer, Doktoren honoris causa, komische Tanten, geniale Maler, Komponisten und Kaffeehausliteraten. Aber nirgendwo sonst in dieser Häufung, Ausprägung und vielleicht auch in dieser Originalität.

Einen wie Johann Loschek etwa wird man anderswo vergebens suchen. Er war als Kammerdiener des Kronprinzen Rudolf der Kronzeuge von Mayerling und schrieb im hohen Alter seine Erinnerungen nieder, die zu seinen Lebzeiten niemand zu sehen bekam. Seine Erben zeigten mir mehr als achtzig Jahre nach Loscheks Tod bisher unbekannte Schätze aus dem Nachlass, die er auf seinem Landgut bei Wiener Neustadt archiviert hatte, darunter die handschriftliche Schilderung der Nacht von Mayerling.

Zwei kaiserliche Kammerdiener als wichtige Kronzeugen

Aus dem Leben eines anderen Kammerdieners erfährt man im Kapitel »Der treue Diener Ketterl«, der über seinen Kaiser nur in den höchsten Tönen sprach, an dessen Frau Elisabeth aber überraschenderweise kein gutes Haar ließ.

Aus dem ehemaligen Kaiserhaus gibt es natürlich noch mehr zu berichten, das »nur bei uns« möglich ist. Auch

Kronprinz Rudolfs Schwager Prinz Philipp von Coburg befand sich im Jagdschloss Mayerling, als die tödlichen Schüsse fielen. Es sollte nicht lange dauern, bis auf ihn ebenfalls Eheprobleme ungeahnten Ausmaßes zukamen:

Kriminelle Machenschaften im Umfeld des Kaiserhauses

Philipps Frau Louise – sie war die Schwester der Kronprinzessin Stephanie – ging mit einem jungen Ulanenoffizier durch und verprasste mit ihm Millionen aus dem Vermögen ihres Gemahls. Irgendwann riss dem gehörnten Ehemann die Geduld, und er reichte die Scheidung ein. Mehr als ein Jahrhundert später wurden mir die bisher unbekannten Scheidungsdokumente zugespielt, die auf ein familiäres Desaster hinweisen: Inkriminiert waren nicht nur eheliche Untreue, sondern auch gesetzwidrige Machenschaften, die die Betroffenen ins Gefängnis brachten. Ähnliches hat es im Umfeld des Erzhauses nie zuvor oder danach gegeben.

Noch schlimmer als Louise und Philipp traf das Schicksal den einzigen Sohn des Ehepaares: Prinz Leopold von Coburg, der wie sein Vater im prächtigen Palais auf der Wiener Seilerstätte residierte, verliebte sich in eine Schauspielerin und wurde von ihr grausam ermordet, ehe sie sich

»Zweites Mayerling« – mit umgekehrten Vorzeichen

selbst richtete. Der Grund: Coburg hatte ihr die Ehe versprochen, sich's dann aber anders überlegt. Man sprach von einem zweiten Mayerling – mit umgekehrten Vorzeichen. Diesmal war es die Geliebte, die zur Schusswaffe griff.

Erstaunlich ist, dass sich der Räuberhauptmann Johann Georg Grasel als »Robin Hood des Waldviertels« immer noch einer gewissen Popularität erfreut. Ganz im Gegensatz zum k. u. k. Oberleutnant Adolf Hofrichter, der 1909 an zwölf Offiziere Kuverts verschickte, in denen sich »Potenzmittel mit verblüffender Wirkung« befinden sollten, die in Wahrheit aber tödliches Zyankali enthielten. Ein Hauptmann des Generalstabs ist nach Einnahme der Giftpillen gestorben. Der Hintergrund des Attentats: Hofrichter hoffte nach Beseitigung der vor ihm gereihten Kameraden in den begehrten Generalstab aufrücken zu können.

Für ein anderes Kapitel ging ich drei Kriminalfällen nach, die in den Jahren 1936 und 1937 ob der Prominenz ihrer Opfer Aufsehen erregten, heute aber vergessen sind: Die Schauspielerin Paula Wessely wurde erpresst, und die Wiener Wohnungen Franz Lehárs und des weltberühmten Tenors Leo Slezak wurden ausgeraubt. Kammersänger Slezak »gratulierte« den Einbrechern zu ihrem Coup: »So viel ich auf den ersten Blick feststellen konnte, haben sie aus der Kasse alles geraubt ... sie leisteten wirklich ganze Arbeit.« Die Täter aller drei »Prominentenfälle« wurden dennoch gefasst.

Paula Wessely als Opfer einer Erpressung

Apropos Kammersänger. Hierzulande können an die neunhundert Berufs-, Amts-, akademische und sonstige Titel verliehen werden. So viele gibt's tatsächlich nur bei uns – und sie gelangen auch nur bei uns zur praktischen Anwendung: »Guten Tag, Herr Ingenieur, grüß Gott, Frau Oberstudienrätin, habedjehre, Herr Hofrat!« Die ausgeprägte Titelfreudigkeit der Österreicher hat natürlich historische Wurzeln, die tief in die Monarchie hineinreichen und im Kapitel »Sogar der Liftboy ist Professor« erzählt werden.

»Habedjehre, Herr Hofrat«: Österreich und seine Titel

Es gibt übrigens auch den schönen Titel »Bürger von Wien«, und mit diesem wurde zu Kaisers Zeiten der Fleischermeister Johann Georg Lahner bedacht, nachdem er jene Würstel kreiert hatte, die nur in Wien Frankfurter heißen, überall sonst aber Wiener. Die wohlschmeckende Fleischspeise ist das Ergebnis einer Liebesbeziehung des aus Frankfurt eingewanderten Selchermeisters mit einer Wiener Baronin.

Klimts Geliebte auf Tonband

Unglaubliches vertrauten mir die Nachkommen von Gustav Klimt an. Lucina Zimmermann befragte im Jahr 1974 ihre Urgroßmutter Mizzi Zimmermann, die ihr Details über ihre Liebe zu dem Jahrhundertmaler verriet. Lucina nahm das Gespräch mit einem Tonband auf und überließ mir die Kassette mehr als vierzig Jahre später zur Veröffentlichung. Mizzi beschreibt, wie Klimt sie auf der Josefstädter Straße ansprach, wie er sie zu seinem Modell und zur zweifachen Mutter machte. Sie führt aus, dass er Musik ebenso liebte wie die Malerei, wie sozial und tierliebend er war, und schließlich, wie er starb. Auf die anderen Modelle, mit denen er gleichzeitig Verhältnisse hatte, geht Mizzi hingegen nur in einem Nebensatz ein.

»Darf ich die Feuerwehr verständigen?«

Auf Klimt folgen drei Kapitel, deren Reihung sich wie von selbst ergab: Im ersten geht es um den Brand der Rotunde im Prater, die als Folge sehr österreichischen Obrigkeitsdenkens zu einem Raub der Flammen wurde: Ein Arbeiter, der das Feuer aus der Kuppel des Wiener Wahrzeichens hervorschießen sah, verständigte nicht die Feuerwehr, sondern ging zur Direktion, um anzufragen, ob er die Feuerwehr verständigen dürfte. Als er zurückkam, gab es die Rotunde nicht mehr.

Was von der Rotunde blieb, ist das Fiakerlied, das wohl populärste aller Wienerlieder, das dort seine Uraufführrung erlebt hatte, also erzähle ich im Kapitel nach dem Rotundenbrand die Entstehungsgeschichte der Wiener Volkshymne. Ihr erster Interpret war der Volksschauspieler Alexander Girardi, dem das letzte Kapitel in dieser Reihung gewidmet ist: es beinhaltet die Geschichte seiner Ehe mit der Schauspielerin Helene Odilon, die ihn beinahe ins »Irrenhaus« gebracht hätte.

Aus dem Bereich Musik schildere ich Beethovens letzte Reise vor seinem Tod und wie es kam, dass Franz Liszt jedes Klavier, auf dem er spielte, zertrümmerte. Es geht um die bedeutsame erste Frau des »Walzerkönigs« Johann Strauß und um die zweite Frau Herbert von Karajans. Spricht man von dem Dirigenten, denkt jeder an Eliette, die den Höhepunkt seines Ruhms an seiner Seite erleben durfte. Weit weniger bekannt ist hingegen die Geschichte seiner Frau Anita, die ihm zum Aufstieg verhalf, letztlich aber unbedankt blieb.

Beethoven, Liszt, Strauß und Karajan

Jeder Österreicher kennt die Tante Jolesch, aber kaum jemand weiß, wer sie wirklich war. Ich begab mich auf Spurensuche, erkundete vieles über sie und ihre Familie, fand heraus, wo sie wohnte und dass Friedrich Torberg, ihr geistiger Vater, sie gar nicht persönlich gekannt hat.

Und weil wir grade bei der Tante Jolesch sind: Was es in dieser Form auch »nur bei uns« gibt, ist die Überlieferung bestimmter, zur jeweiligen Situation passender Anekdoten. Davon mache ich in diesem Buch reichlich Gebrauch: Jedes Kapitel hat ein Unterkapitel, in dem ich teils komische, teils nachdenklich stimmende Episoden zu den Personen im Hauptkapitel erzähle. Anekdoten über Franz Lehár wie über Paula Wessely und Leo Slezak, über Kronprinz

Die Überlieferung passender Anekdoten

Rudolf und seinen Kammerdiener, über Kaiser Franz Joseph und Ketterl, über Johann Strauß, Klimt, Girardi, die Wiener Fiaker, Peter Altenberg und so weiter.

Die zahlreichen von mir aufgestöberten Anekdoten – darunter etliche »Klassiker« – bestärken mich in der Annahme, dass eine solche Vielfalt an heiter-besinnlichen Geschichten wirklich nur in Österreich existiert.

Eine Mischung, wie sie eben »nur bei uns« möglich ist

All das hat, man muss es bekennen, einiges mit einer Mischung aus Größenwahn und fehlendem Selbstbewusstsein zu tun, mit Schlamperei und ein bisserl Raunzen, mit dem erwähnten Obrigkeitsdenken, einer hierzulande ausgeprägten Mir-San-Mir-Mentalität sowie den beliebten Liedzeilen »A Kutscher kann a jeder wer'n, aber fahren, des kennans nur in Wean«, »Glücklich ist, wer vergisst« und »Es wird a Wein sein und wir wer'n nimmer sein«.

Aber auch mit einer gehörigen Portion Schmäh und Charme.

Georg Markus
Wien, im August 2018

Der geheime Nachlass des Kammerdieners
Die Erinnerungen des Kronzeugen von Mayerling

D as kommt selbst in Österreich nicht alle Tage vor, dass ein Kammerdiener in Pension geht, sich ein riesiges Landgut kauft und fortan das Leben eines wohlbestallten Gutsherrn führt. Johann Loschek war allerdings nicht irgendein Kammerdiener, sondern der des Kronprinzen Rudolf und zugleich der erste und wichtigste Kronzeuge der Ereignisse von Mayerling. Seine Erben luden mich auf dessen Anwesen in Niederösterreich ein und zeigten mir bisher unbekannte private Dokumente aus dem Nachlass des Mannes, der die Tragödie des Kronprinzen aus nächster Nähe miterlebt hat. Darunter die handschriftliche Schilderung des Tages, an dem Mary Vetsera und der Sohn des Kaisers starben.

Johann Loschek, Kronprinz Rudolfs Kammerdiener, 1845–1932

Frau Rotraut Witetschka bewohnt den »Auer Hof« in Kleinwolkersdorf bei Wiener Neustadt. Sie und ihr verstorbener Mann haben das Gut des Leibkammerdieners Loschek 1987 geerbt und »alles aufbewahrt, das aus dem persönlichen Besitz der Familie Loschek stammt«.

Der Nachlass des Johann Loschek

Dadurch können mir Frau Witetschka und ihre Tochter Eva zeigen, was der Kronprinz seinem Kammerdiener hinterlassen hat. Die Tischwäsche mit dem eingestickten »R«

für Rudolf samt Kaiserkrone. Eine große Reisetruhe aus Holz, auf der in einem Messingschild »Sr. kaiserl. Hoheit Kronprinz Erzherzog Rudolf« eingraviert ist. Weiters Handschriften und Fotografien von Rudolf. Vor allem aber – und das ist das wirklich Interessante – finden sich hier die persönlichen Erinnerungen des Kammerdieners an die Tragödie von Mayerling.

Johann Loschek war die letzte Person, die mit Kronprinz Rudolf und Mary Vetsera sprach, und er war es auch, der am Morgen des 30. Jänner 1889 die Leichen des Paares entdeckte.

Auf der Tischwäsche, die der Kammerdiener Loschek vom Kronprinzen erhalten hat, ist das »R« für Rudolf samt Kaiserkrone eingestickt.

Der Kammerdiener wurde nach Rudolfs Tod, obwohl erst 44 Jahre alt, vom kaiserlichen Hof in den Ruhestand versetzt und erhielt eine Abfindung in Höhe von 2600 Gulden*. Gleichzeitig musste er sich verpflichten, solange er

---

* Diese Summe entspricht laut »Statistik Austria« im Jahr 2018 einem Betrag von rund 30 000 Euro.

lebte, mit niemandem über die Vorgänge im Jagdschloss Mayerling zu sprechen.

Johann Loschek hielt sich an dieses Versprechen. Allerdings diktierte er am 19. Jänner 1928 seinem Sohn Johann Loschek jun. seinen *Lebenslauf*, dessen spannendster Teil den Titel *Die richtige Darstellung des Dramas von Mayerling* trägt. Die achtseitige Handschrift befand sich bei meinem Besuch auf dem ehemaligen Gut Johann Loscheks in Kleinwolkersdorf bei Wiener Neustadt und somit im Besitz von Rotraut Witetschka, die mir das Original zur Veröffentlichung in diesem Buchkapitel zur Verfügung stellte.

»Als einziger noch lebender Zeuge des Dramas von Mayerling«, notierte der damals 83-jährige Loschek, »will ich es nicht in das Grab nehmen sondern habe es meinem Sohn Johann Loschek diktiert. Einfach und wahr.«

Und das ist der Bericht des Kammerdieners über die Tragödie von Mayerling:

> Ich fuhr mit meinem Hofwagen am 29. Jänner 1889 um ¾9 h Vorm. zum Südbahnhof um nach Baden einzusteigen. Ab Baden fuhr ich mit meinem Fiaker Rosensteiner nach Mayerling, welches ich nach dem Geschmack eingerichtet hatte. Nachmittags kam der einzige Jagdgast Graf Hoyos an. Rudolf schickte Prinz Coburg zum Kaiser, er könne nicht kommen, da er Halsschmerzen* habe. Ich selbst musste dem Prinzen Coburg mündlich die

Der Kammerdiener will die Schilderung »nicht in das Grab nehmen«

Auch Graf Hoyos und Prinz Coburg sind in Mayerling

---

* Kronprinz Rudolf hätte an diesem Abend mit seinem Schwager Prinz Philipp von Coburg an einem Familiendiner Kaiser Franz Josephs in der Wiener Hofburg teilnehmen sollen.

Verpflichtete sich, niemals über die Vorgänge von Mayerling zu sprechen: Kronprinz Rudolfs Kammerdiener Johann Loschek

Rudolf spricht über die Jagd des nächsten Tages

Post übermitteln. Rudolf selbst kam erst am Abend mit seinem Leibfiaker Bratfisch mit Mary Vetsera an und begaben sich beide in das Zimmer. Gleich abends als Forstmeister Hornsteiner über die Jagdeinteilung mit Rudolf gesprochen hatte und er die morgige Jagd mit dem Hinweis, er habe keine Zeit, absagte, kam sofort Jagdmeister Hornsteiner zu mir und sagte: »Du, was ist's mit dem Kronprinzen, er hat jetzt mit mir gesprochen und hat aber an ganz etwas anderes gedacht.« Ich selbst

Eine makabre Prophezeiung

bemerkte auffallenderweise, wie er mich beim Abendessen, welches nur Rudolf und Hoyos allein einnahmen, vom Kopf bis zu Fuß groß ansah, als wollte er sagen, Du bist es, welcher bald seinen guten, aber unglücklichen Herrn tot finden wird.

Johann Loschek ging an diesem 29. Jänner 1889 erst spätabends zu Bett. Und erinnerte sich in seinem *Lebenslauf* an eine unruhige Nacht:

Für Rudolf und Vetsera gab es keinen Schlaf mehr. Ich schlief wie gewöhnlich im Nebenzimmer und Rudolf sagte mir beim Schlafengehen: »Sie dürfen Niemanden zu mir lassen und wenn es der Kaiser ist.« Vetsera erwartete Rudolf im Zimmer, wo sie auch das letzte Nachtmahl eingenommen hatte. Ich hörte die ganze Nacht über Rudolf und Vetsera in sehr ernstem Tone sprechen. Verstehen konnte ich es nicht.

Fünf Minuten vor ½ 7 Uhr früh kam Rudolf vollständig angezogen zu mir in das Zimmer heraus und befahl mir, (die Pferde, Anm.) einspannen zu lassen. Ich war noch nicht im Hofe draußen, als ich 2 Detonationen hörte, und lief sofort zurück, der Pulvergeruch kam mir entgegen. Ich stürmte zum Schlafzimmer, doch es war entgegen der Gewohnheit Rudolfs zugesperrt (sonst sperrte er das Zimmer nie ab). Was nun machen. Ich holte sofort Graf Hoyos und mit einem Hammer bewaffnet, schlug ich die Türfüllung ein, dass ich gerade mit der Hand hinein konnte, um die Türe von innen aufzusperren. Welch grauenhafter Anblick. Rudolf lag entseelt auf seinem Bette, ganz angezogen, Mary Vetsera ebenfalls auf ihrem Bette vollständig angekleidet. Rudolfs Armeerevolver lag neben ihm. Beide haben sich überhaupt nicht schlafen gelegt. Beiden hing der halbe Kopf hinunter. Gleich beim ersten Anblick konnte man sehen, dass Rudolf zuerst Mary Vetsera erschossen hatte und dann sich selbst entleibte. Es fielen nur 2 wohlgezielte Schüsse. Von der Anwesenheit einer dritten Person und dass Glasscherben am Kopfe Rudolfs steckten, ist wie so vieles über den Tod frei erfunden.

Rudolf und Mary liegen tot auf ihren Betten

Vieles über Mayerling ist laut Loschek frei erfunden

Der unter Schock stehende Kammerdiener informierte sofort nach Auffinden der beiden Leichen telegrafisch den kaiserlichen Leibarzt Hermann Widerhofer und die beiden Adjutanten des Kronprinzen. Loschek setzt seinen Bericht fort:

> Dr. Widerhofer war bereits gegen ½ 9 Uhr hier. Ich sperrte alles ab und bettete Rudolf und Vetsera in ihre Betten. Die Betten standen nicht wie Ehebetten nebeneinander, sondern an beiden Wänden. Auf dem Nachtkästchen Rudolfs war ein einfacher Zettel (des Kronprinzen, Anm.) an mich adressiert und darauf stand:
> »Lieber Loschek, holen Sie einen Geistlichen und lassen Sie uns in einem gemeinsamen Grabe in Heiligenkreuz beisetzen. Die Pretiosen meiner teuren Mary nebst Brief von ihr überbringen Sie der Mutter Marys. Ich danke Ihnen für Ihre jederzeit so treuen und aufopfernden Dienste während der vielen Jahre, welche Sie bei mir dienten. Den Brief an meine Frau lassen Sie ihr am kürzesten Wege zukommen. Rudolf.«

Als er diese Zeilen las, wurden dem Kammerdiener das volle Ausmaß und die Dimension der Geschehnisse bewusst.

> Jetzt erst brach auch ich zusammen, ich kniete nieder, meinen Kopf auf Rudolfs Arm legend und weinte bitterlich. Wie lange, das weiß ich nicht. Ein Klopfen scheuchte mich auf, es war bereits Dr. Widerhofer und ein Sekretär, welche den Tatbestand nach meinen Angaben

»Die richtige Darstellung des Dramas von Mayerling«: Die Erinnerungen, die Johann Loschek seinem Sohn diktierte aufnahmen. Denselben Tag noch brachten wir die Leiche Rudolfs nach Baden, wo wir circa um 9 Uhr abends ankamen. Lakaien trugen den Sarg in einen Salonwagen und nur Dr. Widerhofer und ich begleiteten unseren guten Herrn nach Wien.

Eine große Menschenmenge erwartete uns. Ich fuhr dem Leichenwagen hinterher noch bis in die Burg, das Weitere ist ja aus den Zeitungen schon längst bekannt. So lautet einfach und ohne Romantik das Drama von Mayerling, worüber schon so Vieles von nicht eingeweihten Personen geschrieben wurde.

Mit diesen Worten beendet Loschek das wohl traurigste Kapitel seines Lebens. Gezeichnet: »Kleinwolkersdorf, 19. I. 1928, Johann Loschek, Kammerdiener weiland Kronprinz Erzherzog Rudolf«, bestätigt von zwei Zeugen.

Es war auch bisher schon bekannt, dass Rudolf in Mayerling mehrere Abschiedsbriefe verfasst hat: den oben erwähnten an seine Frau Stephanie, einen an seine Mutter Kaiserin Elisabeth, einen weiteren an seine Schwester Marie Valerie, einen an seinen Freund, den Bankier Baron Moritz Hirsch, einen an seine Geliebte Mizzi Caspar und den ebenfalls erwähnten an Kammerdiener Loschek. Was bisher nicht bekannt war, ist, dass Rudolf noch einige Briefe schreiben wollte. Die Kuverts dazu fand ich in Loscheks Nachlass in Kleinwolkersdorf. Rudolf hatte die Kuverts bereits beschriftet, sie waren an den Fürsten Lobkowitz, den Grafen Festetics und andere persönliche Freunde gerichtet. Die Briefe, die er in diese Kuverts legen wollte, hat Rudolf nicht mehr geschrieben. Offenbar hat er es mit dem Sterben eiliger gehabt, als er es ursprünglich vorhatte. Auffallend ist, dass sich auch unter den geplanten Abschiedsbriefen keiner an seinen Vater, den Kaiser, befand.

Teile der Erinnerungen hat Loscheks Sohn zwei Monate nach dem Tod seines Vaters an die Redaktion der *Berliner Illustrierten Zeitung* verkauft, in der die Schilderungen am 24. April 1932 auszugsweise veröffentlicht wurden*. Doch kein Chronist vor mir hat die ungekürzte Originalhandschrift, die mir Frau Witetschka und ihre Tochter Eva Veit-Witetschka jetzt zur Verfügung stellten, in Händen gehalten.

Die wichtigste Erkenntnis aus Loscheks Nachlass

Die wichtigste Erkenntnis aus der Hinterlassenschaft des Kronzeugen Loschek ist, dass das Drama von Mayerling im Wesentlichen so verlaufen ist, wie es von der seriösen Geschichtsschreibung seit jeher dargestellt wird. Und dass das junge Paar keineswegs von einer dritten Person ermordet wurde, wie es düstere Verschwörungstheorien immer wieder verkünden.

Wie kann sich das ein Kammerdiener leisten?

Die Frage liegt nahe, wie sich ein Kammerdiener im Jahr 1896 – sieben Jahre nach Mayerling – eine vierzig Hektar** große Landwirtschaft mit Bediensteten, einer eigenen Mühle, Schweine-, Hühner- und Pferdestall, Schmiede und riesigen Ackerflächen leisten konnte. Johann Loschek selbst geht in seinem *Lebenslauf* auf diese Frage ein:

---

* Die *Berliner Illustrierte Zeitung* überwies Johann Loschek jun. für die Überlassung der Erzählung seines Vaters 6000 Schilling. Auch dieser Vertrag liegt im Hause der Familie Witetschka vor.
** Vierzig Hektar entsprechen einer Fläche von 400 000 Quadratmetern.

Es wurde oft und oft behauptet, ich erhielt eine große Summe Schweigegeld u. s. w. Das alles ist frei erfunden wie so Vieles über Kronprinz Rudolf. Rudolf bedachte in seinem Testament alle seine Angestellten. Auf diese Weise bekam ich 2600 Gulden nebst Gewehren, Kleidern, etc. und ich besitze für jedes einzelne Stück eine Bestätigung.

Es ist eine Fabel wenn behauptet wird Loschek war nun ein reicher Mann geworden. Das kleine Kapital hatte ich mir ehrlich und redlich erspart. Auf den vielen Reisen konnte ich mir ja die Diäten ganz auf die Seite legen. Ich bin eigentlich stolz darauf als armer Mann zu sterben.

Nun, als armer Mann ist Johann Loschek nicht gestorben. Sein vierzig Hektar großer Besitz gibt darüber Auskunft. Rotraut Witetschka, die heutige Besitzerin des Gutes, ist dennoch überzeugt davon, dass seine Darstellung den Tatsachen entspricht. »Herr Loschek war ein Ehrenmann, er hat, solange er lebte, geschwiegen, ohne dass man ihn dafür bezahlen musste.«

Doch die Gerüchte, Loschek hätte für die Geheimhaltung der Geschehnisse von Mayerling »Schweigegeld« erhalten, sollten nie verstummen. Fest steht, dass sowohl Kaiserin Elisabeth als auch Kronprinzessin-Witwe Stephanie den Kammerdiener weit über Rudolfs Tod hinaus außerordentlich schätzten. Und es ist durchaus denkbar, dass sie ihn mit großzügigen finanziellen Mitteln ausstatteten – ohne diese als »Schweigegeld« zu deklarieren. Es gibt keine andere Erklärung dafür, wie Loschek das große Gut in Kleinwolkersdorf hätte kaufen sollen, das ein Vielfaches dessen gekostet haben muss, was er in knapp zwölf Dienstjahren beim Kronprinzen und mit seiner offiziellen Abfertigung inklusive der vom ihm angeführten »Diäten« je verdienen konnte. Ein Grundstück in dieser Lage und Größenordnung hätte heute einen Wert von rund 2,5 Millionen Euro. Da wäre er mit seiner Abfertigung von 2600 Gulden nicht sehr weit gekommen.

»Schweigegeld« – ja oder nein?

Johann Loschek war bereits in vierter Generation in kaiserlichen Diensten, schon sein Urgroßvater Josef Loschek hatte Kaiser Franz I. als Oberjäger gedient. Johann Loschek lernte den Kronprinzen Rudolf kennen, als dieser elf Jahre alt war, und machte ihn »mit den ersten Anleitungen zur Jagd« vertraut. Acht Jahre später kam es zu einem schicksalhaften Wiedersehen, das Loschek in seinem *Lebenslauf* so beschreibt:

Es war am 30. September 1877, ich war gerade im (kaiserlichen Revier, Anm.) Auhof kommandiert. Da fahren die Kaiserin Elisabeth und an Ihrer Seite Rudolf vor und verlangen ausdrücklich von mir ein Glas Wasser, das ich Ihnen reichte. Ich bemerkte, dass mich die Kaiserin, welche mich ja ohnehin kannte, musternd ansah. Bereits am nächsten Tage hatte ich das Anstellungsdekret und war fortan an der Seite des Kronprinzen Rudolf. Ich traute meinen Augen nicht, ich hatte ja gar nicht angesucht um direkte Verwendung bei Hofe, war ich doch damals noch zu jung. Nächsten Tag bereits war ich in der Hofburg und trat meinen Dienst an.

Wie Loschek Kammerdiener wurde

Johann Loschek war der Letzte, der Mary Vetsera und Kronprinz Rudolf lebend sah. Und er war es auch, der ihre Leichen entdeckte.

Das bisher unbekannte Reisetagebuch

Genau genommen hatte der 32-jährige Johann Loschek jetzt die Position des »k. u. k. Saalhüters, Kammerdieners und Jägers Seiner kaiserlichen Hoheit, des Kronprinzen Erzherzog Rudolf« inne. In den zwölf Jahren bis zur Tragödie von Mayerling begleitete er seinen Herrn auch auf all dessen Reisen nach Afrika, auf den Balkan, nach Athen, Damaskus, Kairo, Jerusalem, Paris, Straßburg, München und Augsburg. Bisher noch nie veröffentlicht ist das ebenfalls auf seinem Gut in Kleinwolkersdorf aufgefundene Reisetagebuch, das Loschek akribisch führte. Hier sind erstmals Auszüge daraus zu lesen.

Die sich meist über mehrere Wochen hinziehenden Reisen entpuppten sich als großes Abenteuer für den Kammerdiener, der diese auch eindrucksvoll zu beschreiben wusste. Loschek war ein durchaus gebildeter Mann, der einige Gymnasialjahre und eine Forstlehranstalt absolviert hatte, ehe er seinen Dienst beim Kronprinzen antrat. Rudolf und seine Entourage reisten mit der kaiserlichen Yacht *Miramar*, per Bahn und in Kutschen, nicht selten ritten sie auch übers Land. Die Reisen des Kronprinzen waren vorbildlich vorbereitet, und Rudolf, der sich sehr für die Tier- und Pflanzenwelt interessierte, traf unterwegs mit Gelehrten, Aristokraten, Diplomaten und Geistlichen zusammen. Bei jeder sich bietenden Gelegenheit wurde zur Jagd geladen. Loschek erzählt von prunkvollen Empfängen an den Königshöfen der Länder, die sie besuchten. »Unter Kanonendonner fuhren wir im herrlichen Hafen von Lissabon ein. Es folgte die Begrüßung durch den König von Portugal. Eine riesige Menschenmenge begrüßte uns.«

Reisen per Yacht, Bahn und mit der Kutsche

Loscheks Reisetagebuch ist auch zu entnehmen, dass es um ein Haar gar nicht zu Mayerling gekommen wäre – weil der Kronprinz 1879 nahe der Stadt Malaga mit einem Boot beinahe untergegangen wäre. »Tags darauf ereignete sich ein Zwischenfall, der leicht hätte für uns sehr verhängnisvoll werden können«, schreibt der Kammerdiener, der an diesem Tag mit seinem Herrn und dessen Freundesrunde Sumpfvögel jagte. »Das Meer war ziemlich bewegt. Plötzlich überflutete uns eine Sturzwelle, welche das ganze Boot mit Wasser füllte. Das wäre aber nicht das größte Übel gewesen, sondern die Welle schwemmte auch viel Sand in das Boot, welches zum Sinken anfing – bange Minuten, und wir standen bis zur Brusthöhe im Meere.«

Rettung in letzter Minute

Hilflos musste die kleine Gruppe mitansehen, wie das Boot immer tiefer sank und es keine Rettung zu geben schien. Glücklicherweise wurden die Herren dann doch noch in letzter Minute von den Matrosen der kaiserlichen Yacht *Miramar* entdeckt und, völlig durchnässt, in Rettungsboote aufgenommen.

Kein Wort über Rudolfs Liebesaffären

Loschek bleibt in seinem Reisetagebuch immer diskret. Er bediente Rudolf mehrere Jahre in Prag, als dieser dort seinen Militärdienst leistete. Man weiß von etlichen Liebschaften des Kronprinzen in dieser Zeit, doch der Kammerdiener erwähnt in seinen Aufzeichnungen keine einzige.

Hingegen entnimmt man Loscheks Zeilen, wie populär Rudolf war. Als der Kammerdiener mit seinem Herrn am 22. April 1881 nach mehr als zweimonatiger Afrika- und Asien-Reise am Wiener Südbahnhof ankam, schreibt er: »Unser Zug wurde von einer vieltausendköpfigen Menge erwartet. Rudolf war ja, ohne zu loben, bei den Wienern sehr beliebt. Der Kaiser erwartete uns ... und der Jubel wollte kein Ende nehmen. Nun waren wir wieder gesund und glücklich im schönen Wien. Wir alle waren derart abgebrannt, dass sich alle Leute umsahen, wenn wir auf der Gasse gingen.«

Für den Kammerdiener bricht eine Welt zusammen

Klar, dass Loschek »seinen« Kronprinzen nur in den prächtigsten Farben schildert. Kein Wunder auch, dass mit dessen tragischem Tod für den Kammerdiener eine Welt zusammenbrach.

Nach seiner Pensionierung führte Johann Loschek auf seinem Landgut ein sehr zurückgezogenes Leben. Über Mayerling sprach der ehemalige Kammerdiener nie.

»Rudolf war ja, ohne zu loben, bei den Wienern sehr beliebt«: Johann Loschek im Alter von über achtzig Jahren auf seinem Landgut in Kleinwolkersdorf

Nach seinem Tod im Jahr 1932 bewirtschaftete dessen Sohn Johann Loschek jun. mit seiner Frau Margarete den im 14. Jahrhundert erstmals urkundlich erwähnten »Auer Hof«. Das Ehepaar hatte einen Sohn, Johann Loschek III., der als Soldat in den letzten Tagen des Zweiten Weltkrieges fiel, wodurch es keinen leiblichen Erben gab. »Mein Mann und der Enkel des Kammerdieners waren seit ihrer Kindheit eng befreundet, sodass seine Eltern nach Johanns Tod meinen Mann und mich – ohne dass wir davon wussten – als Erben einsetzten«, erzählt Rotraut Witetschka.

Sie und ihr Mann Eduard nahmen das Erbe an, mussten aber das halbe Gut verkaufen, um die historischen Gebäude sanieren und die sehr hohe Erbschaftssteuer zahlen zu können. Frau Witetschka hat es sich auch nach dem Tod ihres Mannes zur Aufgabe gemacht, den Nachlass des Kronzeugen von Mayerling aufzubewahren und in Ehren zu halten.

Nachdem das Kronprinz-Rudolf-Museum im Karmelitinnenkloster Mayerling und die Landessammlungen Niederösterreich durch meine *Kurier*-Kolumne von der Existenz des Loschek-Nachlasses erfahren hatten, übernahmen sie Teile davon, sodass diese in Zukunft der Öffentlichkeit zugänglich sein werden.

»Jedenfalls ist er grad und aufrecht hineingangen« Kronprinz Rudolf und Loschek in der Anekdote

◆ Johann Loscheks Reisetagebuch ist zu entnehmen, dass sich Rudolf ihm und dem übrigen Personal gegenüber jovial, ja geradezu freundschaftlich verhalten haben dürfte. So beschreibt der Kammerdiener einen Spanien-Aufenthalt im Mai 1879, bei dem Erzherzog Rudolf vom Prinzen Leopold von Bayern, den Grafen Hans Wilczek und Joseph Hoyos, dem Zoologen Alfred Brehm und seinem Obersthofmeister Graf Bombelles begleitet wurde. Die kleine Gruppe kehrte abends in einem Speiselokal in dem Wallfahrtsort Montserrat nahe Barcelona ein. »Wir aßen alle auf einem Tische«, notiert Loschek, »und da ich noch mit dem Fuhrmann über die Fahrt verhandelte, blieb nichts mehr vom spanischen Menü übrig für mich. Ich glaubte, Rudolf hätte das gar nicht bemerkt, doch siehe da, Rudolf befahl dem Wirte, noch einmal frisch zu kochen, und Rudolf wartete geduldig, bis sein Loschek genug gegessen hatte. Jetzt erst befahl er, den Wagen zu besteigen.«

Dass ein Diener am Tisch des Thronfolgers essen durfte und dass er überhaupt als menschliches Wesen betrachtet wurde, war in der damaligen Zeit und in diesen Kreisen außergewöhnlich. Mit Personal wurde im Allgemeinen in sehr rüdem Ton umgegangen, oder es wurde überhaupt nicht zur Kenntnis genommen. Wenig überraschend, dass

Loschek den Kronprinzen selbst nach den schrecklichen Ereignissen von Mayerling immer noch bewundert und verehrt hat.

◆ Der zweite Lakai, mit dem sich Kronprinz Rudolf – sehr zum Unmut weiter Teile der Hofgesellschaft – anfreundete, war der Kutscher und Volkssänger Josef Bratfisch, den er bei einem Wienerliedabend auf Schloss Orth kennengelernt hatte. Laut eines zeitgenössischen Berichts im *Illustrierten Wiener Extrablatt* forderte der Kronprinz bei dieser Veranstaltung am 14. November 1887 Bratfisch auf, das von Gustav Pick komponierte Lied *Das waß nur a Weana, a Weanerisches Blut* zu singen. Der Fiaker kannte wohl die Melodie, nicht aber den Text, worauf der Kronprinz die erste Strophe des Liedes auf einen Zettel schrieb.

Was nun folgte, verschweigt das *Extrablatt*: Bratfisch, nur der damals üblichen Kurrentschrift mächtig, konnte Rudolfs Lateinbuchstaben nicht entziffern und rief diesem zu: »So a Schrift kann doch a anständiger Mensch net lesen!« Der Kronprinz lachte herzhaft über diesen Temperamentsausbruch, fiel dem 42 Jahre alten Kutscher um den Hals, trug ihm das vertrauliche Du an und ernannte ihn auf der Stelle zu seinem Leibfiaker.

◆ Im Ischler Kurtheater traten alljährlich die großen Wiener Schauspieler – allen voran Katharina Schratt und Alexander Girardi – auf, weil sie ihre Sommerferien gerne mit einem Engagement verbanden, das ihnen den Urlaub finanzierte. Die Direktion der kleinen Bühne war sehr stolz auf ihre Stars, aber besonders auch darauf, hin und wieder das eine oder andere Mitglied des Kaiserhauses in einer der Vorstellungen begrüßen zu dürfen.

Als Kronprinz Rudolf eines Abends das Theater in Ischl betrat, fragte er sogleich den Logenschließer: »Ist Seine Majestät schon da?«

Der Angesprochene verbeugte sich umständlich und antwortete dann unter gröblichster Außerachtlassung jeglichen Hofzeremoniells: »Jawohl, der Herr Papa ist schon da!«

Empört über diese Respektlosigkeit, fragte der Kronprinz den Logenschließer: »Er ist wohl betrunken?«

Worauf dieser erwiderte: »Davon habe ich eigentlich nichts bemerkt. Jedenfalls ist er ganz schön grad und aufrecht hineingangen.«

»In einem Strudel der Leidenschaft«
Wie ich zu Prinzessin Louises Scheidungsdokumenten kam

Auch der im vorigen Kapitel genannte Prinz Philipp von Coburg war in Mayerling, als Johann Loschek die Leichen der Baronesse Mary Vetsera und des Kronprinzen Rudolf entdeckte. Coburg war nicht nur Rudolfs Schwager, sondern auch einer seiner engsten Vertrauten.

Prinz Philipp, Chef des österreichischen Zweigs der Familie Coburg, 1844–1921

Im Herbst 2017 wurden mir Dokumente zugespielt, die zeigen, dass – ähnlich wie Kronprinz Rudolf und Stephanie – auch Prinz Philipp und dessen Frau Louise gewaltige Eheprobleme hatten. In ihrem Scheidungsprozess ging es nicht nur um eheliche Untreue, sondern auch um Dokumentenfälschung, Betrug und andere Delikte, die die Betroffenen – und das war einzigartig für Angehörige des Kaiserhauses – ins Gefängnis und in psychiatrische Anstalten brachten. Dass es so weit kommen konnte, führten Prinzessin Louises Ärzte nicht zuletzt auf den Tod ihres Schwagers Kronprinz Rudolf in Mayerling zurück.

Rudolfs Frau Stephanie war die Tochter des belgischen Königs Leopold II., und sie hatte eine um sechs Jahre ältere Schwester namens Louise. Diese heiratete, als sie 17 Jahre

*Führten zunächst eine scheinbar glückliche Ehe: Louise und Philipp aus
der Wiener Linie des Hauses Sachsen-Coburg und Gotha*

alt war, den Prinzen Philipp von Sachsen-Coburg und Gotha, mit dem sie in dessen Palais an der Wiener Seilerstätte – heute eines der vornehmsten Hotels der Stadt – residierte. Dass ihre Ehe in die Brüche ging, ist bekannt. Neu sind jedoch die bisher unveröffentlichten Scheidungsdokumente des Paares, die brisante Details einer Tragödie offenbaren.

Louise von Belgien und Prinz Philipp von Coburg heirateten am 4. Februar 1875 in Brüssel und führten zunächst eine nach außen hin glückliche Ehe, der zwei Kinder entsprangen. Dass der um 14 Jahre ältere Prinz zahlreiche Affären hatte, galt als »normal«, doch als bekannt wurde, dass auch Louise ein allzu freizügiges Leben führte, war bei Hof der Teufel los.

Anfangs stand die Prinzessin, die von Zeitgenossen als »mondänste Frau des Wiener Hofes« beschrieben wurde, ihrem Schwager, Kronprinz Rudolf, auffallend nahe. Sie selbst schildert ihre Zuneigung dem Kaisersohn gegenüber in ihren Memoiren mit den ziemlich eindeutigen Worten, er sei »mehr als schön, verführerisch, mittelgroß und sehr proportioniert« gewesen. »Man dachte bei ihm an ein Vollblutpferd; denn von ihm hatte er auch das Wesentliche ...« Dann hatte sie Verhältnisse mit zwei Adjutanten ihres Mannes, ehe sie bei einer Fiakerfahrt in der Hauptallee des Wiener Praters den Ulanenoberleutnant Géza von Mattachich kennenlernte und sich in ihn verliebte. Mit dieser Begegnung beginnt das Drama im Haus Coburg.

Heinrich Kunreuther, der in Gotha amtierende Rechtsanwalt des Prinzen Philipp, beschreibt in der mir zugespielten »Ehescheidungsklage«* den Rosenkrieg bei Coburgs: Im Mai 1895 traf Louise den k. u. k. Oberleutnant Géza von Mattachich, der ihr »von heißer Liebe durchglüht« bald nach Abbazia folgte, wo er schließlich »das Ziel seiner Liebeswünsche erreichte«.

Die verheiratete Prinzessin und der Offizier wurden ein Paar, das – auf Kosten von Louises Ehemann – ständig auf Reisen war und, ausgestattet mit Reitpferden und Dienerschaft, auf großem Fuß lebte. Um an ihrer Seite »unverdächtig« auftreten zu können, wurde Herr Mattachich als Stallmeister der Prinzessin Louise angestellt. Prinz Coburg überwies seiner Frau im Lauf der Jahre mehr als 1 Million Kronen**, und das, obwohl er laut seinem Anwalt wusste, »dass Herr von Mattachich in steter Gesellschaft seiner Gemahlin sich befinde«.

Géza von Mattachich, k. u. k. Oberleutnant, 1867–1923

Als die Beziehung seiner Frau zu Mattachich drei Jahre andauerte, forderte der Prinz seinen Nebenbuhler – wie es die Standesehre verlangte – zum Duell heraus. Dabei wurde die Sehne von Coburgs rechter Hand durchtrennt, sodass der Prinz den Ort des Geschehens kampfunfähig verlassen musste. Am Verhältnis der Prinzessin zu ihrem Oberleutnant änderte der blutige Zweikampf nichts. »An der Seite des Herrn Mattachich trieb die Prinzessin weiterhin sinn-

Duell Ehemann gegen Liebhaber

---

* Die 34 Seiten starke Ehescheidungsklage der Rechtsanwaltskanzlei Dr. Heinrich Kunreuther in Gotha wurde mir von Frau Irmgard Höcher zur Verfügung gestellt. Die Wienerin hatte die Dokumente im Nachlass ihres Stiefvaters Alois Gaber (1900–1977) entdeckt, der in der Zwischenkriegszeit Verwalter der Familie Coburg in Wien war und in dieser Funktion Zugang zu wichtigen Unterlagen hatte.
** Diese Summe entspricht laut »Statistik Austria« im Jahr 2018 einem Betrag von rund 6 Millionen Euro.

In den ersten zwanzig Jahren ihrer Ehe lebten Prinz Philipp und seine Frau Louise gemeinsam im feudalen Palais Coburg in der Wiener Innenstadt.

losen Aufwand«, steht in der Scheidungsklage. »Sie legte jede Scham ab und stürzte sich in einen Strudel der Leidenschaft, in welchen keine verheiratete Frau und am wenigsten die durchlauchtigste Frau Prinzessin sich begeben durfte«.

Während der auf den äußeren Schein seiner Familie überaus Bedacht nehmende Kaiser Franz Joseph die lebenslustige Schwester der Kronprinzessin vom Wiener Hof verbannte, versuchte Louises Mann, Prinz Coburg, durch seine Anwälte immer wieder, »die Prinzessin entweder zur Rückkehr oder zu einvernehmlicher Scheidung zu bewegen«.

44

Beides scheiterte lange Zeit schon daran, dass Louise ständig ihren Aufenthaltsort wechselte. Wo sie weilte, wurde immer erst bekannt, wenn sie und ihr Galan unter Zurücklassung hoher Schulden das jeweilige Logis verließen.

Konnte man die auch von den Medien mit großem Interesse verfolgten Reisen des Liebepaares bisher als pikante Exzesse abtun, so wurde die Angelegenheit im Jahr 1898 zu einem Kriminalfall, wie es ihn in allerhöchsten Kreisen nie zuvor gegeben hatte: Als sich Prinz Coburg weigerte, für die weiteren Schulden seiner Frau aufzukommen, meldeten die Wiener Kaufleute Markus Spitzer und Friedrich Reicher, dass sie über mehrere Wechsel in der Höhe von insgesamt 1,4 Millionen Kronen verfügten, die zur Auszahlung fällig wären. Die Wechsel trugen die Unterschrift der Kronprinzessin Stephanie.

Ein Kriminalfall in allerhöchsten Kreisen

Der Fall wurde – vorerst gegen unbekannte Täter – zur Anzeige gebracht, worauf etwas geschah, das für ein Mitglied des Kaiserhauses bis dahin vollkommen ausgeschlossen war: Die Schwiegertochter des Kaisers wurde von der Polizei als Zeugin einvernommen! Stephanie bekundete laut den mir vorliegenden Dokumenten, »niemals irgendwelche Wechsel unterfertigt zu haben. Ihre Unterschriften seien gefälscht. Letzteres ergab auch ein Handschriften-Vergleich.«

Rechtsanwalt Kunreuther fasst in seiner Ehescheidungsklage zusammen: »Die gesamte Lebensführung der Frau Prinzessin ließ immer mehr die Besorgnis reifen, ob dieses Gehaben ein normales sei. Die Frau Prinzessin hatte alle Rücksichten, welche ihr als Tochter Seiner Majestät des

»... ob dieses Gehaben ein normales sei«

45

Als die Schwestern noch ein Herz und eine Seele waren: Prinzessin Louise und Kronprinzessin Stephanie

Königs der Belgier, als einer verheirateten Frau und speziell als Gemahlin des Prinzen von Coburg und somit des Mitglieds einer landesherrlichen Familie, als der Mutter zweier erwachsener Kinder, obgelegen waren, beiseite gelassen und einen geradezu europäischen Skandal hervorgerufen. Sie hatte Schulden auf Schulden gehäuft, lebte unstet, exzentrisch, zog von Ort zu Ort, begab sich schließlich mit ihrem ›Stallmeister‹, welcher sich ohne jede Berechtigung als Kammervorsteher, als Graf, als Exzellenz gerierte, auf das vereinsamte kroatische Schloss des Stiefvaters des

46

Herrn Mattachich, vernachlässigte die eigne Person und war irgendwelcher vernünftiger Behandlung vollkommen unzugänglich.«

Nun aber kamen als Krönung des Skandals die gefälschten Wechsel hinzu. Louises Geliebter, Géza von Mattachich, wurde als Hauptverdächtiger festgenommen und von Gericht wegen Betrugs und Wechselfälschung zu fünf Jahren schweren Kerkers verurteilt, die er in der niederösterreichischen Strafanstalt Möllersdorf verbüßte. Außerdem wurde ihm die Führung des Adelsprädikats aberkannt. Prinzessin Louise, die sich kurz in Untersuchungshaft befand, aber bald wieder freigelassen wurde, brachte man indes auf persönliche Anordnung Kaiser Franz Josephs »zur Beobachtung ihres Geisteszustandes« in eine geschlossene Anstalt für psychisch Kranke. Eigentlich hätte man auch sie anklagen können, da einige der gefälschten Unterschriften der Kronprinzessin Stephanie nachweislich aus ihrer Hand stammten. Doch eine Angehörige des Kaiserhauses vor Gericht oder gar für längere Zeit im Gefängnis war undenkbar!

Der Liebhaber muss ins Gefängnis

Und die Geschichte ist noch nicht zu Ende. Als »die Erregungszustände der Frau Prinzessin« laut Diagnose mehrerer Fachärzte – darunter der prominente Psychiater Julius Wagner von Jauregg – »allmählich nachließen«, wurde Louise aus der geschlossenen Anstalt in das Privatsanatorium Oberdöbling verlegt, aus dem sie am 31. August 1904 flüchtete.

Louise wird in ein Privatsanatorium eingeliefert

Karl Kraus nahm Louises in den Medien breit geschilderte Flucht zum Anlass, die Prinzessin von Coburg in seiner Zeitschrift *Die Fackel* in gewohnter Schärfe als »einen

Geist von seltener Frische und Festigkeit« zu bezeichnen. »Diese Mimikerin sechsjährigen Schwachsinns, die heute jedem Argument ihrer schändlichen Peiniger gewachsen ist, würde ... ein viel glaubhafteres Gutachten über den Geisteszustand ihrer Ärzte liefern, als es umgekehrt der Fall war.«

Prinz Philipp reicht die Scheidung ein

Kaum aus dem Privatsanatorium geflohen, traf Louise wieder ihren inzwischen aus der Haft entlassenen Liebhaber Géza Mattachich, um mit ihm einmal mehr auf Reisen zu gehen, diesmal nach Berlin und Paris. Die Flucht, hielt Rechtsanwalt Kunreuther fest, zeige, »dass die Prinzessin wieder vollständig in den Bann des Herrn Mattachich geraten ist«.

Nun riss dem gehörnten Prinzen Philipp von Coburg endgültig die Geduld. Als am 24. Juni 1905 vom k. u. k. Obersthofmarschallamt die Entmündigung seiner Gemahlin aufgehoben wurde, sah er keinen Grund mehr, weiterhin seine schützende Hand über sie zu halten, und reichte die Scheidung ein. Mit der Begründung, Louise hätte den Prinzen »böslich* verlassen, hat die Lebensgemeinschaft mit dem Gatten unter keinen Umständen wieder aufzunehmen entschieden erklärt, hat diesen seit Jahren in der

Die ehelichen Pflichten verweigert

gröblichsten Weise schwer gekränkt, ihm die Leistung der ehelichen Pflicht beharrlich verweigert und die Ehe mit Herrn Mattachich gebrochen. Und indem sie vor aller Welt in Aufsehen erregender Weise mit Herrn Géza Mattachich in Verbindung bleibt und dem Ansehen und Wohle des Prinzen und seiner Familie tiefe, niemals vernarbende

---

* veraltete Form von bösartig

Beweis für alle bisher angeführten Tatumstände :

1./ Die Akten Sr.Majestät Oberthofmarschallamtes zu Wien, betreffend die Kuratel Ihrer königlichen Hoheit der Frau Prinzessin Louise von Sachsen-Coburg und Gotha;

2./ die Akten des k.k.Landesgerichtes Wien in Strafsachen gegen unbekannte Täter, betreffend die Fälschung von Wechseln im Betrage von 1,400.000 K auf den Namen Ihrer kaiserlichen und königlichen Hoheit der Frau Kronprinzessin-Witwe Stephanie und Ihrer königlichen Hoheit der Frau Prinzessin Louise von Sachsen-Coburg und Gotha;

zur Genüge bewiesen.

Ueberdies aber hat die Frau Prinzessin den Prinzen böslich verlassen, hat die Lebensgemeinschaft mit dem Gatten unter keinen Umständen wieder aufzunehmen entschieden erklärt, hat diesen seit Jahren in der gröblichsten Weise schwer gekränkt, ihm die Leistung der ehelichen Pflicht beharrlich verweigert und die Ehe mit Herrn Mattachich gebrochen. Und indem sie vor aller Welt in Aufsehen erregender Weise mit Herrn Géza Mattachich in Verbindung bleibt und dem Ansehen und Wohle des Prinzen und seiner Familie tiefe, niemals vernarbende Wunden geschlagen hat, hat sie eine so tiefe Zerrüttung des ehelichen Verhältnisses durch ihr Verhalten verschuldet, dass die Fortsetzung der Ehe dem Prinzen nicht zugemutet werden kann.

Hier greift also auch die Norm des § 1568 b.G.B.

»Betreffend die Fälschung von Wechseln im Betrage von 1,4 Millionen Kronen«: Auszug aus der Scheidungsklage des Prinzen Philipp von Coburg gegen seine Frau Louise

*Anlass für die Schei-
dungsklage im Hause
Coburg: Oberleutnant
Géza von Mattachich*

Wunden geschlagen hat, hat sie eine so tiefe Zerrüttung
des ehelichen Verhältnisses durch ihr Verhalten verschuldet, dass die Fortsetzung der Ehe dem Prinzen nicht zugemutet werden kann.«

*Sechs Tage
in der Todeszelle*
    Die Ehe wurde am 15. Jänner 1906 geschieden, gleichzei-
tig wurde Louise von ihren Eltern verstoßen, und ihr Vater,
der König von Belgien, verhängte über sie ein Einreiseve-
bot. Die Prinzessin landete in Budapest, wo sie 1919 wegen
angeblicher Spionage zum Tode verurteilt wurde. Louise
verbrachte sechs Tage in der Todeszelle, wurde aber im letzten Moment vor ihrer geplanten Hinrichtung begnadigt.
Danach traf sie Mattachich im Wiener Parkhotel Schönbrunn, aus dem sie bald wegen offener Rechnungen delo-
giert wurde.

Ärzte erklärten das verhaltensauffällige Benehmen der Prinzessin laut Scheidungspapieren mit gesundheitlichen Problemen in der Jugend: Sie hatte eine Typhuserkrankung und drei Fehlgeburten erlitten und war nach einem Jagdunfall in der Steiermark lange bewusstlos gewesen. Wörtlich steht in der Scheidungsklage, dass Louises psychische Probleme auch »auf die große seelische Erschütterung« nach dem Tod ihres Schwagers Kronprinz Rudolf in Mayerling zurückzuführen seien.

Seelische Erschütterungen nach dem Tod des Kronprinzen

Louises Ehemann war eine Schlüsselrolle in der Kronprinzentragödie zugekommen: Philipp ging mit seinem Schwager, Kronprinz Rudolf, oft zur Jagd, so auch Ende Jänner 1889 in Mayerling. Coburg war somit einer der Ersten, der durch Kammerdiener Loschek von der Tragödie erfuhr.*

Prinz Philipp von Coburg starb 1921 in Coburg, Géza von Mattachich 1923 in Paris und Prinzessin Louise ein Jahr nach ihrem Liebhaber verarmt und vergessen in Wiesbaden.

Verarmt und vergessen

---

* Siehe auch Seiten 21–39

51

Wie der »Walzerkönig« Sachse wurde
Das Haus Coburg in der Anekdote

◆ Das erwähnte Duell zwischen Philipp Coburg und Géza Mattachich fand am 18. Februar 1898 in einer Reithalle in der Wiener Ungargasse statt. Die Fehde begann laut Zeitungsberichten mit zweimalig missglücktem Pistolenschusswechsel, danach ging es mit Säbeln weiter, wobei Philipp am Unterarm erheblich verletzt wurde. Kaiser Franz Joseph erwies dem verwundeten Coburger am 11. März 1898 in seinem Palais die Ehre und berichtete Katharina Schratt in einem Brief: »Ich besuchte auch den armen Philipp, der doch recht schwer verwundet ist und den Arm in der Schlinge tragt. Er ist durch alle Schweinereien seiner Frau sehr gedrückt und hat den Scheidungsprozess bereits eingeleitet.«

Aristokraten waren – ebenso wie Offiziere, Akademiker und Studenten – in der Monarchie verpflichtet, einen Kontrahenten, selbst im Falle einer geringfügigen Meinungsverschiedenheit, zum Duell zu fordern. Das Eigenartige war, dass es neben dieser Verpflichtung ein gleichzeitiges gesetzliches Verbot des Zweikampfs gab. Eine Untersuchung aus dem Jahr 1895 zeigt auf, dass sich zwischen 1880 und 1893 rund 2500 Österreicher im Zuge eines »Ehrenhandels« gegenüberstanden. Fast ein Drittel der Duellfälle endete tödlich.

◆ Der Einfluss der Familie Sachsen-Coburg und Gotha erstreckte sich durch geschickte Heiratspolitik über halb Europa, wobei die »österreichischen« Coburger in der Donaumonarchie durch ihren sagenhaften Reichtum eine bestimmende Rolle spielten. Ihr Palais an der Seilerstätte wurde als das »Zweite Haus von Wien« bezeichnet, da nur die Hofburg im Rang höher stand.

• Der durch seine Eheprobleme mit der belgischen Königstochter Louise und als Mayerling-Jagdgast seines Schwagers, Kronprinz Rudolf, zu trauriger Berühmtheit gelangte Prinz Philipp war von 1881 bis 1921 Chef des österreichischen Zweigs der Dynastie.

• Der ebenfalls dem Wiener Haus Coburg entstammende Prinz Ferdinand war von 1908 bis 1918 König von Bulgarien. Sein Briefverkehr mit der Schauspielerin Katharina Schratt dokumentiert, dass er mit der Freundin des Kaisers eine mehrjährige Affäre hatte, weshalb Franz Joseph immer sehr eifersüchtig auf »den Bulgaren« reagierte.

• Albert von Sachsen-Coburg und Gotha war der Ehemann der englischen Königin Victoria.

• Herzog Ernst II. regierte von 1844 bis 1893 als Oberhaupt der Familie im kleinen Herzogtum Sachsen-Coburg und Gotha. In dieser Funktion sollte er für Österreichs »Walzerkönig« eine bedeutsame Rolle spielen.

◆ Johann Strauß heiratete im Juni 1878, nur sieben Wochen nach dem Tod seiner ersten Frau Henriette »Jetty« Treffz*, die um 25 Jahre jüngere Schauspielerin Angelika »Lily« Dittrich – doch die Ehe zerbrach innerhalb kürzester Zeit. Da eine Scheidung im katholischen Österreich nicht möglich war, der Walzerkönig aber mittlerweile die verwitwete Adele Strauss geborene Deutsch kennen- und lieben gelernt hatte, suchte er verzweifelt nach einem Ausweg, um die neue Beziehung legalisieren zu können. So wollte er die Ehe mit Lily zunächst durch Papst Leo XIII. annullieren lassen, der ihm diesen Wunsch jedoch abschlug.

Nun nahm Johann Strauß seine guten Beziehungen zum Herzogtum Sachsen-Coburg und Gotha auf: Prinz Leopold von Coburg** hatte in den 1850er-Jahren eine Liaison mit der bürgerlichen Wienerin Constanze Geiger, die ihm ein Kind schenkte. Statt wie andere »Skandal« zu schreien, setzte Johann Strauß ein Zeichen, als er 1861 den von ihm komponierten *Grillenbanner*-Walzer »Seiner Hoheit, dem durchlauchtigsten Prinzen Leopold von Sachsen-Coburg-Gotha« widmete. Später heiratete Prinz Leopold, gegen das Coburg'sche Hausgesetz verstoßend, die Mutter seines Kindes, was vom Familienoberhaupt, Herzog Ernst II., stillschweigend toleriert wurde.

Als nun Johann Strauß vor seinem eigenen Eheproblem stand, wandte er sich an denselben Herzog Ernst II. Selbst

---

*   Siehe auch Seiten 160–170
** Leopold Franz von Sachsen-Coburg und Gotha, 1824–1884

Vater von drei unehelichen Kindern und ein großer Verehrer des Walzerkönigs, zeigte der Herzog Verständnis und stimmte einer Scheidung und Wiederverheiratung des Komponisten im Herzogtum Coburg zu. Allerdings dauerte der Vorgang mehrere Jahre, in denen Johann Strauß seine Geliebte bei gesellschaftlichen Anlässen zwar ruhigen Gewissens als »Frau Strauss« vorstellen konnte, da sie – durch ihre frühere Ehe – zufällig wirklich so hieß. Aber das war natürlich kein Dauerzustand.

Und so legte der wienerischste aller Komponisten im Frühjahr 1886 seine österreichische Staatsbürgerschaft zurück und nahm die des Herzogtums Sachsen-Coburg und Gotha an. Er musste auch aus der römisch-katholischen Kirche austreten und Protestant werden. Nach einem weiteren Jahr trennte Herzog Ernst II. die Ehe von Johann Strauß und Angelika Dittrich »dem Bande nach«. Worauf der Walzerkönig seine Adele endlich – wiederum in Coburg – heiraten konnte.

Mordanschlag aus Liebe
Das Säureattentat auf den Prinzen Leopold von Coburg

Man ist geneigt anzunehmen, dass das Schicksal den Wiener Zweig der Familie Coburg nicht härter hätte treffen können als mit der Affäre um Louise und Philipp. Doch es sollte noch viel schlimmer kommen. Und zwar schon in der nächsten Generation, als die Beziehung ihres einzigen Sohnes mit einer Schauspielerin in einer Katastrophe endete, die vielfach mit dem Drama von Mayerling verglichen wurde. Mit umgekehrten Vorzeichen: Diesmal war es die Geliebte, die zur Schusswaffe griff.

Der 29-jährige Prinz Leopold von Sachsen-Coburg, ein überaus gebildeter Mann, der sich im Besonderen mit Geschichte, Archäologie und Zoologie beschäftigte, hatte sich 1907 unsterblich in die 21-jährige Schauspielerin Kamilla Rybicka, Tochter des Wiener Polizeiregierungs- und späteren Hofrats Emmerich Rybicka, verliebt. Sie zählte, laut einer Umfrage des *Neuen Wiener Tagblatts*, zu den schönsten Mädchen der Stadt. Doch im Gegensatz zu vielen anderen Aristokraten, die morganatische Beziehungen eingingen, verbrachte Leopold mit der Geliebten nicht nur intime Stunden, sondern lebte seine *Amour fou* in aller Öffentlichkeit aus. So nahm er die Schauspielerin, die auch unter dem Namen Lotte Gregowicz auftrat, jeden Sonntag in die Augustinerkirche mit, in der Wiens Aristokratie inklusive Kaiserhaus die Messe besuchte. Nicht genug damit, bereiste Leo, wie der Prinz von seiner Familie und von Freunden genannt wurde, mit Kamilla die Kur- und Badeorte der österreichisch-ungarischen Monarchie, führte sie nach Paris, London sowie auf eine Orientreise ins Heilige Land und nach Ägypten. Und er stellte ihr in der Beletage des Hauses Marokkanergasse 13 im dritten Bezirk eine elegante Vierzimmerwohnung samt Dienstmädchen zur Verfügung. All das sprach sich natürlich in Wien herum und sorgte für gehöriges Aufsehen.

Kamilla Rybicka, Schauspielerin, 1886–1915

»Leopold machte ihr nicht nur den Hof, er schien ihr regelrecht verfallen zu sein und versprach ihr schon bald die Ehe«, schreibt Günter Fuhrmann in seinem Buch über das Wiener Palais Coburg. Der Prinz sprach »bei den Eltern des Mädchens vor, doch diese waren mehr als skeptisch. Vor allem Vater Rybicka warnte seine Tochter vor einer Beziehung mit dem Prinzen. Ihm waren die strengen Hausgesetze des Hochadels bekannt, er rechnete nicht damit, dass die Familie dem nächsten Majoratsherrn eine nicht standesgemäße Heirat gestatten würde.«

Der Vater warnt Kamilla vor dieser Beziehung

Genau das war auch der Fall. Dem Coburg'schen Hausgesetz folgend, konnten Kinder nur dann der Familie angehören, wenn sie einer ebenbürtigen Ehe entstammten, andernfalls würde ihnen das Erbrecht entzogen. Leopolds Vater, der selbst leidgeprüfte Prinz Philipp, versuchte seinem Sohn die Mesalliance mit allen Mitteln auszureden, doch der blieb stur und wollte von seiner »Milla«, wie er sie liebevoll rief, nicht lassen.

Prinz Leopold rechnet mit Krieg

Als die Schüsse von Sarajevo fielen, hielt sich das ungleiche Paar gerade in Paris auf. Leopold, der der k. u. k. Armee angehörte, ahnte, dass ein Krieg bevorstand und er mit seinem Husarenregiment Nr. 9 einrücken würde. Um die Geliebte abzusichern, verfasste er auf dem Briefpapier des Pariser Hotels Majestic dieses erhalten gebliebene Eheversprechen:

> Ich verpflichte mich auf Ehrenwort Fräulein Camilla Rybicka in sechs Monaten zu heirathen vom heutigen Tage an gerechnet. Falls ich vorher sterben sollte, setze ich die genannte Dame zu meiner Universalerbin ein, die gesetzlichen Erben beschränke ich auf den Pflichttheil. Ausserdem bitte ich meinen Vater inständig Fräulein Camilla Rybicka zwei Millionen* als Abfindung zu geben. Leopold Prinz Sachsen Coburg, Paris 1. Juli 1914.

Leopold soll König von Mazedonien werden

Es war Leopold also wirklich ernst. Vier Wochen nachdem er dieses Eheversprechen aufgesetzt und unterschrieben hatte, brach der Erste Weltkrieg aus. Coburg wollte an die Front, und Europa schlitterte in eine ungewisse Zukunft. Als im Laufe des Kriegsjahres 1915 bulgarische Truppen weite Teile von Mazedonien besetzten, wurde Prinz Leo - dessen Onkel Ferdinand der regierende König von Bulgarien war - der Thron als König von Mazedonien in Aussicht gestellt. Unter der Bedingung, dass er eine bulgarische Prinzessin heiraten würde.

---

* Diese Summe entspricht laut »Statistik Austria« im Jahr 2018 einem Betrag von rund 10 Millionen Euro.

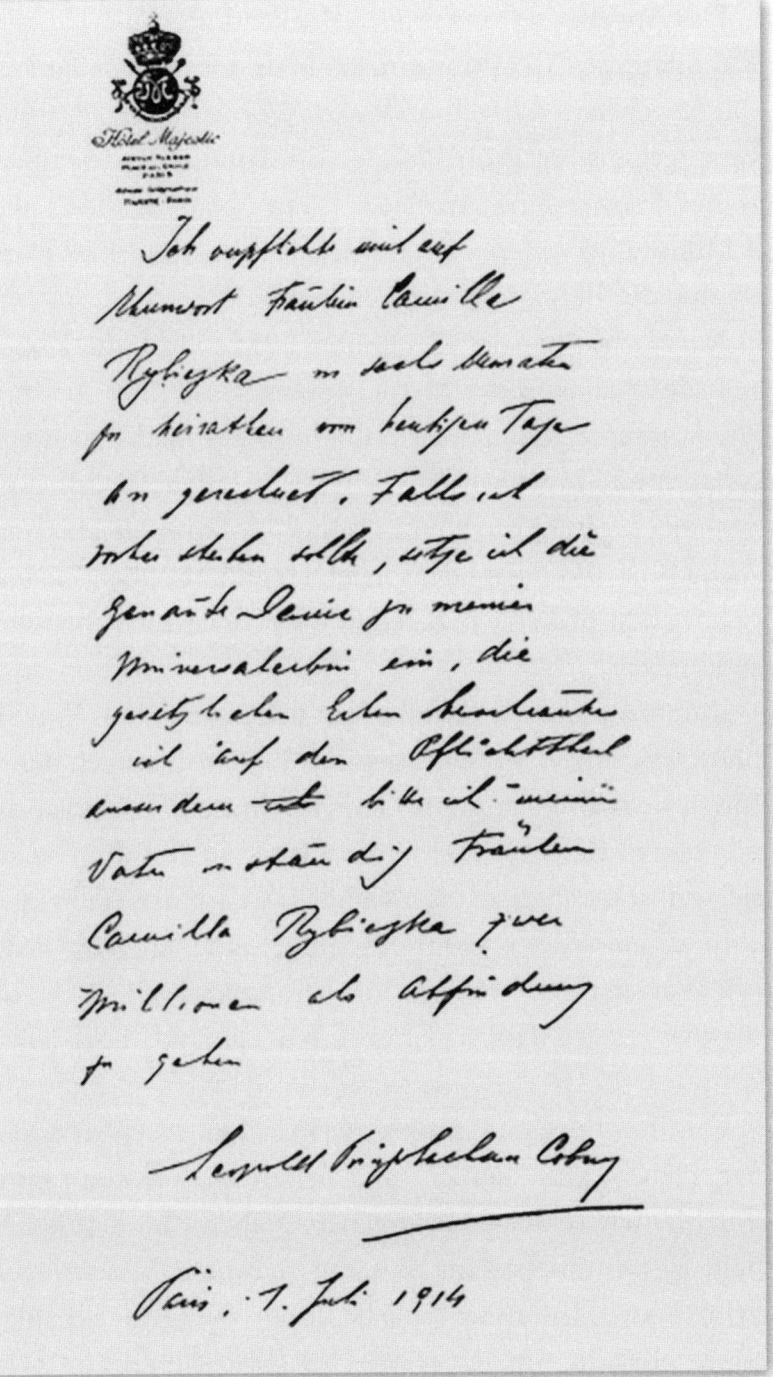

Das Pariser
Eheversprechen
Prinz Leopolds
von Coburg

Das Angebot war mehr als verlockend. Bei aller Liebe zu Kamilla spielte der Prinz nun erstmals mit dem Gedanken, die Angebetete doch zu verlassen. Wohl als Folge des Eheversprechens bot Prinz Philipp von Coburg der Verlobten seines Sohnes eine Apanage – jetzt sogar in Höhe von 4 Millionen Kronen – an, für den Fall, dass sie einer Beendigung der Beziehung zustimmen würde.

Am Nachmittag des 17. Oktober 1915 sollte es im Liebesnest des Paares in der Marokkanergasse zu einer Aussprache kommen. Kamilla hatte ihrem Dienstmädchen freigegeben und ihre nächsten Schritte in allen Einzelheiten geplant. Leopold erschien in seiner Uniform als Husarenrittmeister und dürfte der Geliebten erklärt haben, sie entgegen allen bisherigen Beteuerungen doch nicht heiraten zu können.

Daraufhin schritt Kamilla zur folgenschweren Tat. Sie hatte eine mit Vitriolsäure gefüllte Tasse vorbereitet, deren Inhalt sie dem Prinzen ins Gesicht schüttete. Dann gab sie mit einem Revolver mehrere Schüsse auf ihn ab, ehe sie sich selbst ins Herz schoss. Kamilla war auf der Stelle tot.

In einem in der Wohnung aufgefundenen Abschiedsbrief bat sie ihre Eltern um Verzeihung und gab als Grund für die Tat an, dass sie ohne ihren Leopold nicht leben könnte.

Von den Schüssen aufgeschreckt, eilten Nachbarn und der Hausmeister herbei und ließen die Wohnungstür durch einen Schlosser aufbrechen. Neben Kamillas Leichnam lag blutüberströmt und mit schweren Verletzungen Prinz Leopold, dessen Gesicht durch die schwefelhaltige Säure entstellt war. Er wurde ins Privatsanatorium Löw

60

Die Schauspielerin Kamilla Rybicka, die auch als Lotte Gregowicz auftrat, verübte am 17. Oktober 1915 ein Attentat auf ihren Geliebten, Prinz Leopold von Coburg.

gebracht und notoperiert. Nach sechsmonatigem Leid und durch die Säure erblindet, erlag der 38-jährige Coburger am 27. April 1916 den Folgen seiner schweren Verletzungen. Prinz Leopold wurde im Wiener Palais Coburg aufgebahrt, die österreichische Linie der Familie hatte keinen Erben mehr.

Die durch ihren Ehekonflikt ohnehin traumatisierten Eltern Louise und Philipp von Coburg konnten den tragischen Tod ihres einzigen Sohnes nie verwinden.

»Wie ein Blitz aus heiterem Himmel«
Prinz Leo und Kamilla Rybicka in der Anekdote

◆ Eine Wiener Zeitung* bat zehn Jahre nach dem Drama »eine Persönlichkeit, die am Hofe Philipps von Coburg eine bedeutende Rolle gespielt hat« um eine Stellungnahme zu dem Mord in der Marokkanergasse. Diese lautete: »Prinz Leopold hat die Tochter des damaligen Regierungsrates der Wiener Polizeidirektion, Dr. Emmerich Rybicka, in einem Badeort kennen gelernt, sich ihr genähert und ist im weiteren Verlaufe der Bekanntschaft in solche Beziehungen getreten, dass sie sich eingebildet hat, Prinz Leo werde sie heiraten ... Der Prinz hing mit wirklicher Liebe an Kamilla Rybicka. Aber der unbeugsame Wille und die immer entschiedeneren Vorstellungen des Vaters ließen den Prinzen mürbe werden und schließlich sah auch Kamilla die völlige Aussichtslosigkeit ihres Verhältnisses mit dem Prinzen ein ... Sie sprach nur mehr den Wunsch aus, Prinz Leo möge noch einmal vor dem Abschied sie besuchen. Am 17. Oktober 1915 erfüllte der Prinz zu seinem Unglück diesen Wunsch ...«

In derselben Ausgabe der Zeitung wurde auch eine Erklärung von Kamilla Rybickas Mutter abgedruckt: »Meine Tochter hatte als ganz junges Mädchen dank der Stellung

---

* *Wiener Sonn- und Montags-Zeitung vom 19. Oktober 1925*

meines Mannes oft Gelegenheit, das Burgtheater und die Oper zu besuchen, und daraus entstand bei ihr eine wahre Schwärmerei für das Theater. Als 13-, 14-jähriges Mädchen hing sie sich zu Hause Tücher um und deklamierte tragische Rollen.« Mit 19 Jahren debütierte Kamilla als »erste sentimentale Liebhaberin« am Stadttheater in Meran, zwei Jahre später trat sie im Sommertheater in Marienbad auf. »Dieses Engagement sollte meiner Tochter zum Verhängnis werden. Dort sah sie Prinz Leopold von Coburg zum ersten Mal, und er war von ihr so entzückt, dass er ihr Blumen und Bonbons schickte und sie bat, sich ihr nähern zu dürfen. Bald darauf bekamen wir von Kamilla einen Brief, in dem sie uns schrieb, dass der Prinz ihr erklärt habe, dass er sie heiraten wolle. Dieser Brief wirkte auf uns wie ein Blitz aus heiterem Himmel ...«

Frau Rybicka erklärte weiter, dass Leo und Milla »immer wieder von der glücklichen Ehe des Erzherzogs Franz Ferdinand und der Gräfin Chotek sprachen und hofften, dass es auch ihnen vergönnt sei, ein so ungetrübtes Eheleben zu führen.«

Den 17. Oktober 1915 beschrieb Frau Rybicka mit den Worten: »Als der Prinz um halb 5 Uhr erschien, wurde er von meiner Tochter, die ganz alleine zu Hause war, empfangen. Die beiden hielten sich, wie der spätere Augenschein ergab, die ganze Zeit im Salon auf ... Zwischen 6 und 7 Uhr muss dann die fürchterliche Tat geschehen sein. Zunächst mussten sich beide wie immer ruhig miteinander unterhalten und wie so oft Bridge gespielt haben, denn auf dem

Tisch lagen die Spielkarten verstreut ... Ob der Prinz meiner Tochter in dieser letzten Unterredung den Abschied gegeben und sie dadurch zu ihrer unseligen Tat verleitet hat, ich weiß es nicht.«

»Sogar der Liftboy ist Professor«
Die Österreicher und ihre Titel

»Keine Kellner, sondern Ober ...«

In Österreich gibt es keine Briefträger, sondern Postoberadjunkte, keine Kellner, sondern Ober, keine Beamten, sondern Kanzleiräte. Und jeder führt neben seinem Amtstitel noch mindestens einen Doktor.« So sah Ephraim Kishon die Titelsucht der Österreicher. Nicht genug damit, gelangte der israelische Satiriker auch noch zu dem Schluss: »Der Hotelportier ist der amtierende Verwaltungsrat für Hotelangelegenheiten, der Chauffeur wird Herr Parkrat tituliert, und sogar der Liftboy ist Professor.«

Die Gruppen des Titeldschungels

Natürlich werden in allen Ländern der Welt Titel verliehen. Aber in keinem anderen kommt diesen eine derartige Bedeutung zu wie in Österreich. Waren es einst aristokratische Ränge, so sind es bis heute neben akademischen auch Amts-, Berufs- und sonstige Titel, die uns zum ungekrönten Weltmeister in der Vergabe von Ehrenbezeichnungen aller Art machen. Österreichs Titeldschungel ist in mehrere Gruppen geteilt, zu ihnen zählen:

- die »gesetzlich geschützten Titel«, darunter akademische Grade wie Doktor, Diplomingenieur, Diplomkaufmann, Magister, Master und Bachelor,

- Berufstitel wie Universitäts- und andere Professoren, Kammerschauspieler, Kammersänger sowie Kommerzial-, Ökonomie-, Oberstudien-, Medizinal-, Veterinär-, Forst- und Bauräte, die allesamt durch den Bundespräsidenten verliehen werden,

- der von Universitäten vergebene akademische Ehrentitel Doktor honoris causa,

- Amtstitel wie Ministerial-, Regierungs-, Kanzlei- und Wirkliche Hofräte,

- kommunale Ehrentitel wie »Bürger« oder »Ehrenbürger« von Wien und anderen Städten.

- Begehrt sind auch die »Titel ohne rechtliche Grundlage« wie Direktor, Abteilungsleiter oder Oberingenieur. Doch dürfen diese von der Privatwirtschaft geschaffenen Bezeichnungen im Verkehr mit den Behörden nicht verwendet werden.

Doktor honoris causa

Die klassische Titel-Karriere bietet sich dem österreichischen Beamten. Ihm steht auch im 21. Jahrhundert eine Hundertschaft an Titeln zur Verfügung, wobei die Palette vom Oberrevidenten bis zum Sektionschef reicht. Nicht wenige Titel entstanden als landesübliche Kuriosa. So war die Anrede »Professor« ursprünglich nur Universitätslehrern vorbehalten, als aber die sich unterbezahlt fühlenden Gymnasiallehrer höhere Gehälter verlangten, entschied Kaiser Franz Joseph sehr österreichisch: Er lehnte die Forderung unter Hinweis auf den chronisch leeren Staatssäckel ab und gestand den Lehrern stattdessen zu, sich ab sofort Professor nennen zu dürfen. Das erfreute die Pädagogen beinahe ebenso wie die erhoffte Gehaltserhöhung und führte zum geflügelten Wort vom »Titel ohne Mittel«.

Oberrevident bis Sektionschef

Einstein legt seinen Professorentitel zurück

Als in der Ersten Republik durch Abschaffung des Adels ein arges Titeldefizit entstand, begann man auch verdiente Künstler mit dem Titel Professor zu schmücken, was sich bis heute erhalten hat.

Sehr zum Ärger des Kritikers Hans Weigel. Als nämlich dem durch seine Fernsehserien bekannt gewordenen Drehbuchautor, Regisseur und Schauspieler Fritz Eckhardt der Berufstitel »Professor« verliehen wurde, telegrafierte ihm Weigel: »Hiermit lege ich meinen Professorentitel zurück. Albert Einstein.«

Anderswo herrscht Erstaunen darüber, dass es in Österreich hundert Jahre nach Abschaffung des kaiserlichen Hofs immer noch Hofräte gibt. Der Titel wurde 1765 unter Maria Theresia »erfunden«. Als man den Staatskanzler Metternich im März 1848 aus seinem Büro am Ballhausplatz jagte, trat ein trotz Revolution immer noch treu ergebener Beamter auf den Fürsten zu und fragte ihn besorgt: »Was soll denn jetzt aus uns werden, wenn Durchlaucht uns verlassen?«

»Beruhigen Sie sich, lieber Hofrat«, antwortete Metternich, »Kaiser werden in Österreich gestürzt, Regierungen kommen und gehen – aber die Hofräte, die bleiben!«

Wirkliche und unwirkliche Hofräte

Metternich sollte irren, denn der Titel Hofrat wurde nur zwei Jahre nach der Revolution abgeschafft und durch den Ministerialrat ersetzt. Doch die ihres klangvollen Titels beraubten höheren Staatsdiener protestierten so lange, bis der Hofrat wieder eingeführt wurde. Wobei der Ministerialrat selbstverständlich zusätzlich erhalten blieb. Heute kann man den Hofrat sowohl als Amtstitel (Wirklicher Hofrat) als auch als ehrenhalber verliehenen Berufstitel

*»Die Hofräte, die blei-
ben«, meinte Österreichs
Staatskanzler Klemens
Fürst Metternich.*

(Hofrat) tragen. Womit Metternich letztlich doch recht
behalten sollte: »Die Hofräte, die bleiben!«

Auch später gab es immer wieder Bemühungen, die
Amtstitel zu reduzieren. So wurde nach dem Zweiten Welt-
krieg der Titel Kanzleirat »wegen Überalterung« aus dem
Dienstgradverzeichnis der Stadt Wien gestrichen. Bis im
Jahr 1948 der Film *Der Herr Kanzleirat* den Titel wieder ins
Rampenlicht brachte. Besonders populär wurde er durch
das von Hans Moser im Film interpretierte Lied *Der alte
Herr Kanzleirat* von Hans Lang. Daraufhin beschloss man,
den Titel wieder einzuführen, wie einem in der Zeitung
Express veröffentlichten Bericht zu entnehmen ist: »Das
Verdienst, dass der alte Herr Kanzleirat reaktiviert wurde,
gebührt unserem Hans Moser. Sein Lied hat Wiens Stadt-
väter jetzt bewogen, den Titel wieder zu neuen Ehren kommen zu lassen.«

*»Der alte
Herr Kanzleirat«*

Das Führen glorioser Titel erfreut sich in Österreich einer jahrhundertealten Tradition und hat seine Wurzeln in der Aristokratie.

Wie man geadelt wird

In der ersten Reihe stand in der Monarchie, wer über zumindest 16 tadellos aristokratische Ahnen - in mütterlicher und väterlicher Linie verteilt - verfügte. Bis zu achtzig solcher Familien erfüllten als Fürsten und Prinzen die strengen Richtlinien und galten somit als »hoffähig«, womit ihnen der uneingeschränkte Zutritt zum Kaiserhaus gestattet war. Zu dieser Kategorie zählten neben dem Haus Habsburg die Dynastien Liechtenstein, Arenberg, Coburg, Lobkowitz, Salm, Dietrichstein, Auersperg, Fürstenberg, Schwarzenberg sowie Thurn und Taxis - und zwar genau in dieser Reihung, die nach dem Zeitpunkt der Erhebung in den Fürstenstand erfolgt war. Die Urahnen dieser Eliten hatten ihre Karrieren als Raubritter begonnen, wobei sie sich im Lauf der Jahrhunderte zusätzlich noch besondere Verdienste um die Krone erwerben konnten - oft durch Beteiligung an den enormen Kosten, die Kriege verursachten.

Mit vielleicht nur 15 hochadeligen Vorfahren ...

Mit Maria Theresia setzte der sukzessive Verfall des Adels ein. Sie war es, die dem blauen Blut die wichtigsten Privilegien nahm, vor allem die Befreiung von Steuern und Abgaben. Und doch blieb der Adel eine geschlossene Gesellschaft, deren Lebensform und Standesethos dazu beitrugen, sich vom gemeinen Volk zu distanzieren. Ganz vorne in den Reihen der »hoffähigen« Dynastien fand man auch die Fürsten Esterházy, Hohenlohe, Schönburg und Windisch-Graetz, danach kamen Angehörige der gräflichen Häuser Lamberg, Kinsky und Pálffy. Je weiter oben der Name stand, desto näher beim Kaiser durfte man bei Hofbällen, Galadiners und sonstigen Anlässen sitzen. Die Hoffähigkeit jedes Individuums wurde vom Kaiserhaus mittels »Ahnenproben« überprüft. Bei Hof angestellte Experten achteten durch Studium von Stammbäumen, Heirats- und sonstigen Urkunden penibel darauf, dass sich nicht irgendein Bastard mit vielleicht nur 15 hochadeligen Vorfahren in die Hofgesellschaft einzuschleichen wagte.

Mit Einsetzen der industriellen Revolution war das Bürgertum drauf und dran, immer mehr Einfluss auf die Geschicke des Reichs zu nehmen. Ab der Mitte des 19. Jahrhunderts wurden Industrie- und Finanzdynastien, Beamte, Militärs und Künstler, die sich als treue Stützen des Throns erwiesen, mit erblichen Titeln beglückt.

Industrielle, Bankiers, Beamte, Militärs und Künstler

Diese neu geschaffene Gesellschaftsschicht war in der hierarchischen Ordnung zwar nicht mit den alten Familien zu vergleichen, wer sich dem Kaiser gegenüber aber loyal verhielt und die Stufenleiter des Erfolgs kontinuierlich emporstieg, durfte sich immerhin Baron, Freiherr, Edler oder Ritter nennen. Im Sprachgebrauch als »Kleinadelige« bezeichnet, waren diese genau genommen weder Teil der Aristokratie noch des »Volkes«, sondern gehörten der »Zweiten Gesellschaft« an.

Allein unter Kaiser Franz Joseph wurden 5700 Bürgerliche geadelt, darunter prominente Kaufleute und Bankiers wie Schoeller, Epstein, Mautner Markhof, Drasche, Wertheim und Rothschild. Bei Künstlern war der Kaiser strenger. So lehnte er die Ernennung des Walzerkönigs Johann Strauß in den Adelsstand ab, da dieser 1848 einen *Revolutionsmarsch* komponiert und mit den Aufständischen sym-

Johann Strauß wird kein Baron

pathisiert hatte. Der wohl populärste Musiker seiner Zeit kam auch nach Jahrzehnten noch nicht für eine »Baronie« infrage, obwohl er inzwischen eine ganze Reihe von habsburgtreuen Texten vertont hatte.

Dichter erben ihre Titel

In der Donaumonarchie hat man es – bezüglich der Titelvergabe – auch sonst nicht zuwege gebracht, die Bedeutung großer Künstler richtig einzuschätzen. Die wenigen österreichischen Dichter von Rang, die dem Adel angehörten, hatten ihre Titel allesamt geerbt: Hugo von Hofmannsthal ebenso wie Marie von Ebner-Eschenbach geborene Freifrau von Dubsky, Ferdinand von Saar, Bertha von Suttner geborene Gräfin Kinsky oder Heimito von Doderer. Kein Einziger wurde für seine Leistung nobilitiert, auch die Größe eines Grillparzer, eines Raimund, Nestroy oder Schnitzler hat der Hof nicht erkannt – oder nicht erkennen wollen. Jedenfalls wurde keiner der wirklich Großen in die »Zweite Gesellschaft« erhoben.

Kaiser Karl wird auch »Sehadler« genannt

In der letzten Dekade der Habsburgermonarchie wurden die Angehörigen des Kleinadels mit »Prädikaten« versehen, mit denen sie ihre oft sehr schlichten bürgerlichen Namen schmücken durften. Da hieß einer plötzlich Johann Huber von Prinzenbach oder Emmerich Pribil von Greifenwald. Als einmal vier Herren im Zug von Ischl nach Wien fuhren, stellte sich der erste Reisende vor: »von Bergheim«, der zweite: »von Meyendorff«, der dritte: »von Birkenstein«. Worauf der vierte sagte: »Sie werden lachen, meine Herren, ich heiß' auch Pollack!«

Noch wesentlich mehr Titel als Kaiser Franz Joseph vergab dessen Großneffe und Nachfolger, Kaiser Karl I., den man deshalb auch »Sehadler« nannte, weil er jeden, den er gesehen, auch gleich geadelt hat. Und zwar in atemberaubendem Tempo. So brachte es General Viktor Dankl 1917 zum Freiherrn und nur ein Jahr später, am 10. November 1918, zum Grafen – zum allerletzten allerdings in der Geschichte der österreichisch-ungarischen Monarchie. Denn schon am Tag danach gab es die Monarchie nicht mehr. General Dankl durfte nur ein einziges Dokument – seine Ernennung zum Grafen – mit seinem schönen neuen Titel unterzeichnen.

Am 3. April 1919 wurde mit Beschluss der jungen Republik das Führen aristokratischer Titel unter Strafe gestellt. Wer gegen das »Gesetz über die Aufhebung des Adels« verstieß, konnte zu einer Zahlung von bis zu 20 000 Kronen oder Arrest bis zu sechs Monaten belangt werden. Es ist allerdings kein Fall eines Fürsten, Grafen oder Barons bekannt, der in der Republik seinen ehemaligen Titel auf dem Türschild vermerkt hätte – und dafür ins Gefängnis musste.

»Gesetz über die Aufhebung des Adels«

Besonders groß war nach dem Ende der Monarchie die Betroffenheit unter den Angehörigen des Beamten- und Dienstadels, die ihr ganzes Berufsleben ein geringes Salär in Kauf genommen und auf Gehaltssprünge verzichtet hatten, weil man ihnen in Aussicht gestellt hatte, sie bei Pensionsantritt zu nobilitieren. Dass nun auch dieses Zeichen der Wertschätzung verschwunden war und sie von einem Tag zum anderen von einer privilegierten Klasse zu einer Art Volksfeind wurden, der plötzlich »an allem schuld« sein sollte, ertrugen viele nur schwer.

Betroffenheit unter den Beamten

Weit weniger dramatisch stellte sich der Titelverlust für die Mitglieder der Hocharistokratie dar. »Uns«, sagte die Fürstin Fanny Starhemberg nach dem Zusammenbruch des Kaiserreichs, »macht die Aufhebung des Adels gar nichts. Wir sind immer die Starhembergs, ganz egal ob mit oder ohne Titel.«

Ein Graf Sternberg rächte sich bei den »Roten«, die er als eigentliche Titelvernichter verdächtigte, für den Verlust seiner äußeren Würde, als er sich Visitenkarten drucken ließ, auf denen zu lesen war: »Adalbert Sternberg, geadelt im Jahre 800 von Karl dem Großen, entadelt im Jahre 1919 von Karl Renner«.

Wie wenig man von der Abschaffung des Adels in der Zeit des Ständestaates hielt, zeigt ein Blick in die Kabinettslisten der Regierungen ab 1933. Da gab es Minister mit Namen Baron Egon Berger von Waldenegg, Eduard Baar von Barenfels, Edmund Glaise von Horstenau sowie den Grafen Rudolf Hoyos als Vorsitzenden des Staatsrates und schließlich den Unterrichtsminister Kurt von Schuschnigg, der nach der Ermordung Dollfuß' Bundeskanzler wurde.

Die österreichische Freude an der Schaffung und Vergabe eindrucksvoller Titel muss, so scheint es, ansteckend sein. Anders ist's nicht zu erklären, dass Dominique Meyer, der aus Frankreich gebürtige Direktor der Wiener Staatsoper, noch im Frühsommer des Jahres 2018 allen Ernstes vorschlug, verdienten Mitgliedern des *Corps de ballet* künftig den bislang selbst in Österreich unbekannten Titel Kammertänzer zu verleihen.

Fest steht, dass sich in keinem anderen Land auch nur annähernd so viele Titel einbürgerten wie in Österreich, oder wie Dieter Chmelar es formulierte: »Wäre Shakespeare Österreicher gewesen, sein Stück hätte geheißen: *Der Diplomkaufmann von Venedig*.«

»Für mich bleibt er Prinz!«
Österreichische Titel in der Anekdote

◆ In den letzten Jahren der Donaumonarchie gab es 1306 Kaufleute, die sich als Hof- und Kammerlieferanten bezeichnen durften. Hoflieferant zu sein, war nicht nur eine Ehre, der Titel förderte auch den Geschäftsgang. Also waren die Vorschriften, um in den Kreis der erlauchten Kaufleute aufgenommen zu werden, äußerst streng – und man musste dafür bezahlen. Hoflieferanten mag es auch in anderen Ländern geben, das Wort »Hoftiteltaxe« kann nur eine altösterreichische Prägung sein. Diese war nämlich zu entrichten, sobald man sich des Titels erfreuen durfte.*

◆ Nicht-Österreicher können das titelfreudige Gehabe der Österreicher mitunter nicht recht nachvollziehen. Wie etwa der in Hamburg geborene Schauspieler Axel von Ambesser. Als der einmal im Theater in der Josefstadt gastierte, wurde er von einem Garderobier ständig als »Herr Professor« angesprochen, wogegen der Schauspieler mehrmals protestierte: »Lieber Pokorny«, sagte Ambesser, »ich bin kein Professor!«

Es vergingen keine zehn Minuten, da sprach der Garderobier Herrn Ambesser neuerlich als »Herr Professor« an.

---

* Im Jahre 1900 waren zur Erlangung des Titels Hoflieferant 2000 Gulden an das k. u. k. Generalhoftaxamt zu entrichten. Diese Summe entspricht laut »Statistik Austria« im Jahr 2018 einem Betrag von rund 15 000 Euro.

»Nein!«, insistierte dieser, »ich bin Ambesser, aber kein Professor!«

Als der Garderobier nach der Pause einmal mehr »Herr Professor, bitte umziehen« rief, wollte der Künstler der Sache auf den Grund gehen: »Hören Sie, Pokorny«, fragte er, »warum sagen Sie denn immer Professor zu mir?«

Da gab der gute Mann möglicherweise den wahren Hintergrund jeglicher Titelsucht in Österreich preis: »Schaun S' Herr Professor, mir können sich ja nicht einen jeden Namen merken.«

◆ Als Karl Schwarzenberg – der spätere Außenminister der Tschechischen Republik – zu einem Termin im österreichischen Bundeskanzleramt erwartet wurde, sagte Kabinettschef Lukas (Graf) Beroldingen zu Bruno Kreisky: »Herr Bundeskanzler, heute Nachmittag ist der Kari Schwarzenberg zu einem Besuch bei dir angemeldet. Ich möchte dich, weil du ihn immer als ›Prinz Schwarzenberg‹ ansprichst, darauf aufmerksam machen, dass sein Onkel Heinrich, der Chef des Hauses Schwarzenberg, vor Kurzem verstorben ist. Damit hat Kari seine Stellung als Oberhaupt der Familie übernommen, er trägt also jetzt den Titel ›Fürst‹.«

Kreisky hörte sich den Hinweis in aller Ruhe an und brummte dann: »In Österreich wurde der Adel am 12. November 1918 abgeschafft. Für mich bleibt er Prinz!«

◆ Selbst als Hans Krankl bei der Fußball-WM 1978 im Stadion von Córdoba in Argentinien für Österreich drei Minuten vor Schluss das entscheidende Goal zum 3 : 2 gelang und Deutschland aus der Weltmeisterschaft flog, hat Sportreporter Ingenieur Edi Finger in seinem legendären Radiokommentar nicht vergessen, den Titel des zuständigen Tontechnikers zu erwähnen: »Da kommt Krankl in den Strafraum – Schuss. Tooor, Tooor, Tooor, Tooor! Tooor! I wer narrisch! Krankl schießt ein 3 : 2 für Österreich. Meine Damen und Herren, wir fallen uns um den Hals, der Kollege Rippel, der Diplomingenieur Posch, wir busseln uns ab ...« Dass ein Journalist in einem dermaßen spannungsgeladenen Moment Zeit und Muße findet, den ihn abbusselnden Tontechniker »Diplomingenieur Posch« zu nennen, belegt die sehr österreichische Begierde, einen Landsmann an jedem Ort, bei jeder Gelegenheit und zu jedem Zeitpunkt mit dem ihm gesetzlich zustehenden Titel anzusprechen.

Wie die Wiener zu Frankfurtern wurden
Das Produkt einer Liebesgeschichte

Frankfurter« gibt's tatsächlich nur bei uns. Weil sie überall sonst auf der Welt »Wiener« heißen. Zu verdanken haben wir die heiß begehrten Würste der Romanze einer Wienerin mit einem aus Frankfurt zugewanderten Metzger, ohne die es die weltweit gefragte Fleischspeise vermutlich nie gegeben hätte.

Johann Georg Lahner, Fleischermeister, 1772–1845

Ja, und so entstanden sie, die Frankfurter Würstel aus Wien: Der Bauernsohn Johann Georg Lahner hatte am 13. August 1772 in dem oberfränkischen Ort Gasseldorf in der Nähe von Bamberg das Licht der Welt erblickt und in Frankfurt seine Fleischerlehre absolviert. Er ging als Handwerksbursche, wie damals üblich, auf Wanderschaft und gelangte im Alter von 26 Jahren nach Wien. Hier entspann sich eine ebenso ungewöhnliche wie schicksalhafte Liebesbeziehung. Eine etwas ältere Baronin – deren Name nicht überliefert ist – verliebte sich in den stämmigen Selcher und verschaffte ihm mit einem Darlehen von 300 Gulden*

---

* Diese Summe entspricht laut »Statistik Austria« im Jahr 2018 einem Betrag von rund 6000 Euro.

die finanzielle Basis zur Gründung einer Fleischerei, die er im Jahre 1804 im Haus Schottenfeld 272 (heute Neustiftgasse 112) eröffnete.

Nur ein Jahr später, am 15. Mai 1805, schreibt Herr Lahner Geschichte, als er nämlich zum ersten Mal jene Würstel herstellt und in die Auslage seines Geschäfts hängt, die den Gaumen von Generationen erfreuen werden. »Frankfurter« nennt er sie der Stadt am Main zu Ehren, in der er seine glücklichen Lehrjahre verbracht hat.

Herr Lahner nennt seine Würste »Frankfurter«

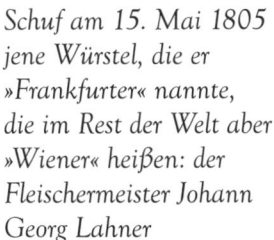

Schuf am 15. Mai 1805 jene Würstel, die er »Frankfurter« nannte, die im Rest der Welt aber »Wiener« heißen: der Fleischermeister Johann Georg Lahner

Auch wenn eine Wiener Zeitung meldete, dass in Lahners Schaufenster »merkwürdige Gebilde« hängen, schlug die raffinierte Mischung aus Rind- und Schweinefleisch sofort ein und wurde - je nach Geschmack mit Senf oder Kren serviert - zum Gabelfrühstück der Wiener. Kaiser Franz II. erklärte die Frankfurter ebenso zu seiner Leibspeise wie Schubert, Grillparzer, Nestroy und Johann Strauß.

Fürstin Metternich schreitet ein

Die auf Etikette bedachte feine Wiener Gesellschaft fragte sich freilich von Anfang an, wie die Würstel stilecht zu genießen seien: Mit Messer und Gabel oder »einfach so«? Das Problem musste von der als oberste Instanz des guten Geschmacks geltenden Fürstin Pauline Metternich gelöst werden. Als man ihr ein Paar Frankfurter auftischte, legte sie das Besteck beiseite, steckte ein Würstel zwischen die Finger – und biss herzhaft hinein.

Womit die Sache ein für alle Mal geklärt war.

Es sollte nicht lange dauern, bis die Delikatesse aus Wien internationale Anerkennung fand. Die Frankfurter wurden in Paris, London und New York serviert, doch weigerte man sich dort, das Fleischgericht nach der Stadt zu benennen, in der Herr Lahner sein Handwerk gelernt hatte. Der Name des tatsächlichen Ursprungsorts schien attraktiver, und so heißen die Würstel nur in Wien

Johann Georg Lahners Geschäft im Haus Schottenfeld 272 in der heutigen Neustiftgasse

»Frankfurter«, während sie überall sonst als »Wiener« bestellt werden – vielfach sogar in Österreichs westlichen Bundesländern.

Die Schmach der Umbenennung blieb Herrn Lahner erspart. Auch hat man von seiner großherzigen Baronin nie wieder gehört, er heiratete vielmehr die Retzerin Anna Maria Resler, mit der er vier Söhne hatte, die allesamt Fleischhauer wurden und sein Geschäft weiterführten. Der »Erfinder der Frankfurter Würstel« starb am 23. April 1845 im Alter von 72 Jahren als berühmter Mann, ausgezeichnet mit dem Titel »Bürger von Wien«. Erst 1967, als sein Urenkel Kommerzialrat Leopold Lahner und dessen Frau verstorben waren, schlossen sich die Rollbalken der stadtbekannten Fleischhauerei für immer.

Die Firma Lahner existiert bis 1967

»Lahners Würste in aller Munde«
Die Frankfurter in der Anekdote

◆ Der Dichter Adalbert Stifter liebte die Frankfurter dermaßen, dass er sich die Würstel regelmäßig via Postkutsche nach Linz liefern ließ. Nach längeren philosophischen Betrachtungen schreibt er seinem Freund Joseph Axmann 1858: »Hören wir jetzt von den Kunstdingen auf und gehen wir zu etwas Wichtigerem und Ernsterem über, nämlich zu den Frankfurter Würsteln.« Diese mussten dem Dichter noch mehrere Jahre per Postkutsche geliefert werden, denn während es die »Wiener« in Mailand bereits ab 1842 und in Amsterdam ab 1861 gab, wurden sie in Linz erst ab 1865 erzeugt.

◆ Der Name Lahner war ebenso wie seine Erzeugnisse »in aller Munde«. In der walzerseligen Stadt kursierte bald das geflügelte Wort: »Was der Walzerkönig Lanner fürs Herz, ist der Würstelkönig Lahner für den Magen.« Auch Kaiser Franz Joseph schätzte die Würste, die er gemeinsam mit einem Seidl Bier über Jahrzehnte zum Gabelfrühstück einnahm. Die Frankfurter für den Kaiser wurden täglich aus dem hofburgnahen Michaeler Bierhaus geholt.

◆ Es war der Kabarettist Karl Farkas, der die beiden Namen ein und derselben Würstelsorte in einen genialen Reim verschmelzen ließ. Als der in Genf beheimatete Völkerbund am 27. September 1922 den Sanierungsplan für das klein gewordene und wirtschaftlich daniederliegende Österreich genehmigte, »schüttelte« Farkas den Unterschied zwischen Frankfurtern und Wienern aus dem Ärmel:

Die Frankfurter werden mit Senf garniert,
Die Wiener werden in Genf saniert!

Drei prominente Kriminalfälle ...
... und ihre Opfer Franz Lehár, Paula Wessely, Leo Slezak

Jeder steht in »Lehmann's Adressbuch«

Während die Adressen prominenter Persönlichkeiten heute möglichst geheim gehalten werden, konnte man früher genaue Angaben über die Wohnorte großer Künstler ganz einfach *Lehmann's Adressbuch* entnehmen. Auf diese Weise waren Banden im Wien der Zwischenkriegszeit problemlos in der Lage, herauszufinden, wer wo wohnte, um in luxuriös eingerichtete Wohnungen zu dringen oder aus anderen unehrenhaften Gründen an bestimmte Personen heranzukommen. Drei ganz Große dieser Zeit wurden Opfer solch krimineller Handlungen: Franz Lehár, Paula Wessely und Leo Slezak.

Erinnerungsstücke an Johann Strauß

Lehár war der Erste, den es erwischte. Man schrieb den 3. März 1936, als unbekannte Täter in seine Stadtwohnung in der Theobaldgasse 16 in Wien-Mariahilf eindrangen. Der »König der Silbernen Operette« selbst war es, der den eintreffenden Kriminalbeamten Auskunft gab, welche Gegenstände die Einbrecher erbeutet hatten, darunter vor allem wertvolle Erinnerungsstücke an den Walzerkönig Johann Strauß, den er noch persönlich gekannt hatte, von unschätzbarem Wert. Weiters wurden aus mehreren Vitrinen Schmuck sowie Silber- und Goldgegenstände, teilweise mit Juwelen besetzt, gestohlen. Franz Lehár zählte damals aufgrund enorm hoher Tantiemenzahlungen, vor allem durch den Welterfolg seiner *Lustigen Witwe*, zu den reichsten Österreichern.

Niemand befand sich in der Wohnung, als die Eingangstür aufgebrochen wurde. Der Komponist hielt sich in seinem Palais in der Nussdorfer Hackhofergasse auf, während seine Frau in der Innenstadt Einkäufe tätigte. Auch der Kammerdiener und die Wirtschafterin hatten kurz das Haus in der Theobaldgasse verlassen, sodass die Eindringlinge ungestört »arbeiten« konnten.

Friseurgehilfe und Schneiderin

Angesichts der Prominenz des Opfers ließ es sich Hofrat Barber, der Leiter des Wiener Sicherheitsbüros, nicht nehmen, den Kriminalfall persönlich zu bearbeiten. Und es gelang ihm, sehr bald eine Spur aufzunehmen: Ein verdächtiges Pärchen war von aufmerksamen Passanten beobachtet worden, wie es auf einem unverbauten Grundstück in Favoriten einen mit diversen Gegenständen gefüllten Sack vergrub. Die Zeugen holten den Sack samt Inhalt aus seinem Versteck und brachten ihn zur Polizei. Nur 48 Stunden nach dem Einbruch gelang es Hofrat Barber und seinen Beamten, einen einschlägig vorbestraften Friseurgehilfen und seine Freundin, eine Schneiderin, als Täter zu verhaften. Und die Gegenstände aus Franz Lehárs Wohnung konnten in dem Sack sichergestellt werden.

»Gold und Silber«

Als der Hofrat dem glücklichen Komponisten seine schon für immer verloren geglaubten Schätze zurückgab, meinte er schmunzelnd, auf einen berühmten Lehár-Walzer anspielend: »Hier, Meister Lehár, übergebe ich

85

Ihnen Ihr ›Gold und Silber‹ – vollständig und unbeschädigt.«

Der Einbruch in der Theobaldgasse erregte großes Aufsehen. Die Zeitung *Der Morgen, Wiener Montagblatt* widmete dem Kriminalfall im Prominentenmilieu seine »Karikatur der Woche«, die dem Betrachter suggerierte, dass ein Komponist wie Lehár ja daran gewöhnt sein müsse, »bestohlen« zu werden – wenn es im Normalfall auch nur seine Melodien waren.

Der Morgen, Wiener Montagblatt, 9. März 1936

Das zweite prominente Opfer in jenen Tagen war Paula Wessely. Die damals durch ihre Auftritte bei den Salzburger Festspielen und durch den Film *Maskerade* berühmt gewordene Schauspielerin fand am 12. Mai 1937 den folgenden Erpresserbrief im Postkasten ihrer Villa in der Grinzinger Himmelstraße 24 vor:

Erpresserbrief im Postkasten

> Madame! Auf Weisung der Zentrale der Lepraisten habe ich Sie zur Zahlung von 50 000 Schilling* aufzufordern. Sollten Sie die Zahlung verweigern, dann werden Sie und Ihr Gatte das Leben in einer Lepra-Anstalt beschließen. Sie und Ihr Gatte müssen an Lepra sterben, wenn Sie nicht zahlen d. h. bei lebendigem Leib verfaulen …

Durch die mittels Injektionen verabreichten Lepra-Bazillen, wurde des Weiteren erklärt, würden sämtliche Mitglieder der Schauspielfamilie infiziert. Die Wessely war außer sich und zeigte den Brief völlig verstört – ihre erstgeborene Tochter Elisabeth war gerade ein Jahr alt – ihrem Mann Attila Hörbiger, der sie zunächst zu beruhigen versuchte und dann die Polizei verständigte.

Der Drohbrief enthielt die Anweisung, das geforderte Bargeld in großen Scheinen an einer bestimmten Stelle in der Hainburger Bundesstraße bei Fischamend in einer Kaffeedose zu hinterlegen. Attila Hörbiger selbst deponierte an dem angegebenen Ort eine Kaffeedose und legte sich mit mehreren Kriminalbeamten auf die Lauer. Bald

Attila Hörbiger auf der Lauer

---

* Diese Summe entspricht laut »Statistik Austria« im Jahr 2018 einem Betrag von rund 175 000 Euro.

Durch den Erpressungsversuch geschockt: das Ehepaar Paula Wessely–Attila Hörbiger, hier im Garten seines Hauses in der Wiener Himmelstraße

kam ein junger Mann mit einem Fahrrad und tat, als müsste er es reparieren. Während der »Reparatur« ließ er eine Geldmünze in den Straßengraben fallen und nützte die Gelegenheit, die Kaffeedose »unauffällig« an sich zu nehmen. Dann bestieg er sein Rad und fuhr weiter. Als er kurz danach angehalten und verhaftet wurde, leugnete er die Tat und behauptete, die Dose zufällig gefunden zu haben. Spurenexperten und Schriftsachverständige konnten jedoch nachweisen, dass er der Verfasser des Erpresserbriefs war. Der zwanzigjährige Handelsangestellte Walter M. wurde vor Gericht gestellt und in einer Aufsehen erregenden Verhandlung am 28. September 1937 zu acht Monaten Kerker verurteilt. Der Richter bezeichnete das Verbrechen als besonders infam, da auch ein Kleinkind bedroht worden war. Als strafmildernd erkannte das Gericht an, dass der Täter gar nicht in der Lage gewesen wäre, Lepra-Bazillen herzustellen oder zu besorgen.

Es dauerte noch lange, bis sich das Künstlerehepaar Paula Wessely–Attila Hörbiger von dem Schock erholt hatte.

Dem weltberühmten Kammersänger Leo Slezak wurde zum Schicksal, dass Boulevardblätter gerne über die Reisetätigkeit prominenter Persönlichkeiten berichteten, wodurch die Unterwelt Bescheid wusste, wann welche Wohnung unbeaufsichtigt war. Slezak befand sich mit seiner Frau auf seinem Anwesen am Tegernsee, als er am Morgen des 17. August 1937 von seinem Schwager telefonisch verständigt wurde, dass in seiner eleganten Wohnung im Heinrichhof vis-à-vis der Wiener Staatsoper eingebrochen worden war.

Einbruch im Wiener Heinrichhof

Slezak eilte sofort nach Wien, wo bereits ein Reporter des *Neuen Wiener Journals* vor seiner Wohnungstür wartete. Der Kammersänger gab ihm ein Interview, das in seiner bekannt heiter-süffisanten Art – diesmal mit etwas Galgenhumor versehen – am 18. August 1937 unter dem Titel »Meine Einbrecher« erschien:

Also ich kann den Einbrechern nur gratulieren zu ihrer Arbeit. Ich dachte als junger Mensch auch einmal daran, mich auf dieses schwierige Gewerbe zu spezialisieren, habe es aber nach einigen Überlegungen mangels entsprechenden Talents aufgegeben. Ich hätte es wirklich nicht zu einer derartigen Vollkommenheit gebracht, wie meine leider unbekannten Besucher. Sie leisteten wirklich ganze Arbeit ... Was mir die Burschen davontrugen ist so viel, dass es mich mehr als ärgerlich stimmt. Ich weiß zwar noch nicht genau Bescheid, was fehlt, denn ich bin eben erst bei der Tür hereingekommen. Doch so viel ich auf den ersten Blick feststellen konnte, haben sie aus der Kasse alles geraubt, das irgendwie nach Metall aussah. Nicht ein Stück ließen sie zurück, meine sämtlichen Orden sind pfutsch, drei von ihnen sind sogar für die Einbrecher von Wert, denn sie sind aus echtem Gold. Besonders der Verlust der Goldenen Medaille für Kunst und Wissenschaft vom Weißen Haus in Washington und die für Kunst und Wissenschaft, die mir König Ludwig III. von Bayern verlieh, und noch eine dritte Goldmedaille schmerzt mich sehr.

In dem Begleitbrief zu einer der gestohlenen Auszeichnungen stand, dass ich sie nach meinem Tode zurückgeben müsse. Mir war früher schon schleierhaft, wie ich das tun würde. Jetzt bin ich durch den Eingriff höherer Gewalt, Gott sei's geklagt, von diesem Zweifel befreit.

Als mich mein Schwager heute vormittags um 9.30 Uhr in Tegernsee anrief und mir mitteilte, ich sei ausgeraubt worden, hielt ich das für einen schlechten Scherz, obwohl er sonst nur gute Witze macht ... Er erklärte mir aber gleich, dass es ihm voller Ernst mit der Mitteilung sei, man habe in meiner Wohnung eingebrochen. So schnell habe ich wohl noch nie ein Gastspiel angetreten wie

»Nicht ein Stück ließen sie zurück«

Slezak glaubt an einen schlechten Scherz

diesmal meine Fahrt nach Wien. Um 9 Uhr 30 kam der Anruf, um 12 Uhr 05 saß ich bereits im Zug, und da bin ich nun, um mir die Bescherung anzuschauen. Es ist tatsächlich eine Bescherung und zwar eine ganz niederträchtige. Alles, was glänzt, haben meine Einbrecher mitgenommen. Ich möchte wirklich wissen, was sie zum Beispiel mit meinem Großkomturkreuz anfangen werden. Das einzige Zeugnis, das ich den Herren ausstellen kann, und das einen Schimmer guten Lichtes auf sie wirft, ist, dass sie wenigstens nicht vandalisch gehaust haben. Sie leisteten saubere Arbeit. Selbst die Tür, die ich seinerzeit in Eisenblech beschlagen ließ, öffneten sie säuberlich. Dass sie aber gerade am Vorabend meines Geburtstages* den Einbruch verübten, das finde ich niederträchtig und gemein.

Die Herren leisten saubere Arbeit

Der Polizei gelang es herauszufinden, dass eine drei Mann starke Bande unter der Leitung des Malergesellen Johann B. die Wohnung Slezaks seit Wochen observiert und einen genauen Plan für die Tat vorbereitet hatte. Kurz vor dem beabsichtigten Einbruch sprangen jedoch die Komplizen des Malers, Anton H. und Alois R., ab, da ihnen die Sache an so prominenter Adresse, wie sie erklärten, »zu gefährlich« geworden sei.

Die Wohnung wurde seit Wochen observiert

In Wirklichkeit drangen die beiden – wie in allen Einzelheiten von Johann B. geplant – auf eigene Faust und hinter dessen Rücken in die große Stadtwohnung ein und machten reiche Beute, darunter Bargeld, wertvolle Einrichtungs-

---

* Leo Slezak feierte am 18. August 1937 seinen 64. Geburtstag.

gegenstände und sämtliche Orden, die der Tenor im Laufe mehrerer Jahrzehnte in aller Welt angehäuft hatte. Die Auszeichnungen wollten die Einbrecher über einen Hehler verkaufen.

*Die Täter
werden
festgenommen*

Als sie etwas später an einem anderen Tatort festgenommen wurden, stellte die Kriminalpolizei fest, dass ihnen auch der Coup im Hause Slezak zuzuschreiben war. Der »Bruch« war geklärt und der Herr Kammersänger bekam – was ihm das Wichtigste war – alle seine Orden wieder.

Die Polizeiakten zu den Fällen um Franz Lehár, Paula Wessely und Leo Slezak liegen im Wiener Kriminalmuseum auf.

»Dann schauen Sie sich meine Hosen an«
Lehár, Wessely und Slezak in der Anekdote

◆ Franz Lehár hielt 1903 um die Hand seiner Jugend-liebe Ferdinanda Weißenberger an, deren Tante - die legendäre Hotelbesitzerin Anna Sacher - ihr aber die Bezie-hung »mit dem Hungerleider« untersagte, worauf das Mäd-chen einen Bauunternehmer heiraten musste.

Zwei Jahre nach der Ablehnung durch Anna Sacher war »der Hungerleider« dank des Welterfolgs der *Lustigen Witwe* ein vielfacher Millionär, der das Sacher, als es in den 1930er-Jahren in den Konkurs schlitterte, spielend hätte retten können. Lehár fand bei Ferdinandas bester Freun-din Sophie Meth Trost, die er aber - da sie selbst in einer aufrechten Ehe lebte - erst zwanzig Jahre später heiraten konnte.

1938 gelang es Lehár, seine jüdische Frau Sophie vor der angedrohten Verhaftung und Deportation durch die Natio-nalsozialisten zu schützen.

◆ Lehár wurde als Sachverständiger zu einem Plagiats-prozess gerufen, in dem sich zwei junge Komponisten gegenseitig der Urheberrechtsverletzung bezichtigten. Die beiden Kontrahenten spielten auf einem Klavier, das man in den Gerichtssaal geschoben hatte, ihre Kompositio-nen - die einander tatsächlich sehr ähnlich waren. Danach fragte der Vorsitzende: »Nun, Herr Lehár, wer ist hier der Geschädigte?«

Worauf der Meister antwortete: »Ich würde sagen – Jacques Offenbach!«

◆ Franz Lehár schickte dem jungen Johannes Heesters ein Foto, auf dem die Zeilen standen: »Dem besten Danilo, den ich je hatte, Lehár.«

Heesters freute sich sehr über die Widmung. Allerdings nur wenige Tage, bis er nämlich herausfand, dass der Meister den beiden Danilos Louis Treumann und Hubert Marischka die gleichen Widmungen geschickt hatte.

◆ Paula Wessely spielte 1964 unter der Regie des wegen seiner langen Probenzeiten berüchtigten Fritz Kortner am Burgtheater in Ibsens *John Gabriel Borkman*. Nach zwei Wochen aufreibender Vorbereitungen erschien die Wessely in der Kanzlei des Burgtheaterdirektors Ernst Haeusserman und stellte fest: »Es ist wirklich großartig, was Kortner alles sagt. Und wie er es sagt. Und diese Gründlichkeit. Heute, nach 14 Probentagen, sind wir glücklich auf Seite sieben des Rollenbuches angelangt. Sagen Sie, Herr Direktor, ist eigentlich auch daran gedacht, dass es für dieses Stück je eine Aufführung geben wird?«

◆ Leo Slezak zählte nicht nur zu den bedeutendsten Tenören, sondern auch zu den großen Originalen des Opernbetriebs. Knapp nach der Jahrhundertwende von Gustav Mahler an die Wiener Hofoper geholt, gastierte er von hier aus in aller Welt. Einmal reiste er mit einer in einer Hutschachtel verstauten Krone – die er für einen Auftritt in Holland benötigte – über die Grenze. Der Zollbeamte ließ die Schachtel öffnen, trat dann aber, als er des juwelenschweren Kopfschmucks ansichtig wurde, einen Schritt zurück und sagte devot: »Danke gehorsamst. Und 'tschuldigen bitte die Störung, kaiserliche Hoheit!«

◆ Ein aus bekannten Wiener Medizinern bestehendes Orchester, das immer wieder prominente Künstler zur Mitwirkung einlud, bat Slezak, bei einem Konzert der Musikvereinigung zu singen. Slezak sagte mit den Worten ab: »Bevor ich mich vom Ärzteorchester begleiten lasse, lasse ich mir lieber von den Philharmonikern den Blinddarm herausnehmen.«

◆ Slezak ließ seine Anzüge stets vom Wiener Nobelschneider Stradner anfertigen. Eines Tages bestellte er bei ihm eine Hose. Zum Ärgernis des Sängers verstrich eine Woche nach der anderen, ohne dass das aus figürlichen Gründen äußerst weit geschnittene Beinkleid fertig wurde. Der Sänger suchte den säumigen Meister auf und sagte zu ihm: »Gott hat die Welt in sieben Tagen erschaffen, Sie aber brauchen für eine Hose sieben Wochen!«

Da blickte Meister Stradner über seine Brillengläser hinweg und sagte: »Das mag schon sein. Aber sehen Sie sich die Welt an, Herr Kammersänger. Und dann schauen Sie sich meine Hosen an!«

◆ Slezak gastierte häufig in München und speiste dort mit Vorliebe in einem kleinen jüdischen Restaurant, dessen Besitzer die Ehre zu schätzen wusste, den berühmten Tenor als Stammgast begrüßen zu dürfen. Als er diesem wieder einmal die Frage stellte, was Herr Kammersänger heute am liebsten essen würden, antwortete Leo Slezak: »Gänse!«

◆ Einmal sagte Slezak zu seinem Garderobier in der Hofoper: »Novak, heut Nacht hab ich von Ihnen geträumt. Wenn das noch einmal vorkommt, kriegen S' a Watschen!«

◆ Nichts liebte Slezak mehr, als seine Kollegen auf der Bühne in unangenehme Situationen zu bringen. In Wagners *Rheingold* umjubelt, flüsterte er während eines hochdramatischen Duetts seiner Partnerin zu: »Morgen ist Ostern – möchtest du lieber harte oder weiche Eier?«

96

Worauf diese, dem Textbuch gemäß, zu singen hatte: »Weiche, Wotan, weiche!«

Der Rest der Arie ging in lautem Gelächter unter.

◆ Nachweislich nicht von Slezak ist hingegen »sein« wohl berühmtester Ausspruch. Als Bühnenarbeiter während einer *Lohengrin*-Aufführung vergessen hatten, den Schwan auf die Bühne zu ziehen, und der Tenor auf dieses wichtige Requisit warten musste, hätte er schlagfertig und zum Gaudium des Publikums gerufen: »Wann, bitte, geht der nächste Schwan?«

In Wahrheit stammt der Ausspruch von Tenor Joseph Tichatschek*, dem ersten Lohengrin der Operngeschichte. Slezak kann den Satz also höchstens nachgeahmt haben.

◆ Am 17. April 1934 ging Slezak nach einer Vorstellung an der Wiener Staatsoper nach Hause und sagte zu seiner Frau: »Liesl, heute habe ich zum letzten Mal gesungen, so einen schönen Abend werde ich nicht mehr haben.« Der sechzigjährige Tenor kam nach einer besonders gelungenen *Otello*-Aufführung auf die Idee, diesen triumphalen Abend als Schlussakkord seiner Opernkarriere zu sehen.

Er begab sich am nächsten Tag in die Direktion, um seinen Entschluss bei Direktor Clemens Krauss zu deponieren. Der reagierte bestürzt: »Aber Slezak, Sie können doch

---

* Joseph Tichatschek, 1807–1886

nicht nach 33 Jahren verschwinden, ohne sich von Ihren Wienern zu verabschieden.«

»Ich gehe nicht einmal zu fremden Begräbnissen«, erwiderte Slezak, »warum soll ich zu meinem eigenen gehen?«

Tatsächlich ist Slezak nach diesem Abend nie wieder auf einer Bühne gestanden, doch er setzte seine Karriere als nicht minder erfolgreicher Filmkomiker und Autor mehrerer Bestseller fort.

◆ Auch nach seiner aktiven Zeit als Opernsänger erfreuten sich Slezak-Parodien in den Wiener Kellerbühnen besonderer Beliebtheit. Im Kabarett Literatur am Naschmarkt wurde der Sänger vom Komiker Oskar Wegrostek imitiert. Slezak – von dem es hieß, dass er sogar in den *Meistersingern* geböhmakelt hätte – saß im Publikum, amüsierte sich und gratulierte nach der Vorstellung: »Großartig, wirklich großartig! Nur eines, lieber Wegrostek: Kannst du mir erklären, warum du so firchterlich behmakelst, wenn du mich spielst?«

Beruf: Riese
Die Lebensgeschichte des Franz Winkelmeier

Als er 1,80 Meter groß war, mag er sich gerade recht wohl gefühlt haben. Doch der Zustand hielt nur ein paar Tage an. 1,90 Meter, 2 Meter, 2,10 Meter ... Franz Winkelmeier sollte nie mehr aufhören zu wachsen.

In der zweiten Hälfte des 19. Jahrhunderts lebte in Lengau im Innviertel der größte Mensch, den es in Österreich je gegeben hat. Damals nicht nur im Gebiet der Donaumonarchie eine Berühmtheit, ist er längst schon in Vergessenheit geraten, nur in seiner oberösterreichischen Heimat gibt es noch die eine oder andere Erinnerung an den letzlich 2,58 Meter groß gewordenen tragischen Helden.

*Franz Winkel-
meier, der größte
Mensch seiner Zeit,
1860–1887*

Die Gemeinde Lengau besteht aus ein paar Bauernhäusern, in dessen kleinstem, dem »Schöscharhäusl«, der Riese gelebt hat. Bis vor wenigen Jahren wohnte seine Großnichte Theresia Schinwald in dem alten Hof, und sie erzählte mir, was sie von ihm wusste. »Er hat a schweres Leben g'habt«, eröffnete sie das Gespräch. »Schaun S' einmal unsere Zimmer an, die sind grad zwei Meter hoch, da konnte er ja nicht einmal aufrecht stehen. Und viele Leut haben ihn verspottet und ausgelacht.«

*Die Großnichte
erinnert sich*

99

»Man hat ihn
direkt wachsen
gesehen«

Franz Winkelmeier wurde als Schauobjekt quer durch Europa gezerrt, um von einem staunenden Publikum angestarrt zu werden. Am 27. April 1860 in Lengau als achtes und letztes Kind einer Kleinbauernfamilie zur Welt gekommen, besuchte er dort die zweiklassige Volksschule und entwickelte sich zunächst normal. Bis er im Alter von 14 Jahren innerhalb von sechs Monaten explosionsartig einen halben Meter in die Höhe schoss. Niemand konnte sich zunächst erklären, warum dies so war. »Man hat ihn direkt wachsen gesehen«, erinnern sich die Lengauer an die Erzählungen ihrer Großeltern.

Nur die Kleider wuchsen nicht mit, aus der langen Hose wurde eine Kniehose, und die verzweifelte Mutter kam kaum mit dem Einstückeln der Stoffreste nach. Die Eltern, die Brüder und die Schwester wussten nicht, wie das weitergehen sollte. »Ich hab noch drei von seinen Gschwistern kennt, die waren alle normal groß«, sagte die Großnichte. »Auch seine Eltern waren nur 160 und 170 cm, der Franzl war der Einzige bei uns, der aus der Norm g'wesen is. Es war zum Verzweifeln.«

Der Franzl
passt in
kein Bett

Mag es anfangs noch ein Abenteuer gewesen sein, im Ort als Naturwunder bestaunt zu werden, so wurde der nicht aufzuhaltende Wuchs zusehends zur Qual. Als er das 2,20-Metermaß überschritt, stieß Franz Winkelmeier an die Zimmerdecke der meisten Räume, und er begann unter Rückenschmerzen zu leiden, weil er kaum je aufrecht gehen konnte. Wenn er beim Essen saß, ragten seine Knie weit über die Tischplatte hinaus. Und weil er kein normales Bett benutzen konnte, schlief der Franzl auf dem Fußboden, in der Streukammer, oder, wenn es die Jahreszeit erlaubte, im Freien.

Noch schlimmer aber war es, wenn er das Haus verließ, um die Wiese zu mähen oder den mit Spreu beladenen Schubkarren durch den Ort zu schieben. Da liefen die Kinder hinter ihm her und brüllten »langes Elend«, Fremde stießen einen Schrei aus und erstarrten, weil sie es einfach nicht glauben konnten, wenn ihnen der Riese entgegenkam. »Ich tu euch nichts, ihr braucht mich nicht zu fürchten«, beruhigte der gutmütige Kerl die Leute, denen der Schrecken ins Gesicht geschrieben stand. Dabei hatte er mindestens so viel Angst vor diesen wie sie vor ihm.

»Ihr braucht mich nicht zu fürchten«

Seine Großnichte und andere Lengauer wussten noch viele Geschichten vom legendären Riesen zu erzählen:

Wenn er das Haus verließ, legte er den Schlüssel in die Regenrinne unterm Dach, weil dort ohnehin kein anderer hinlangen konnte.

Der Türstock der Stube in seinem Wohnhaus musste, da er ständig weiterwuchs, ausgebrochen und bis zur Decke vergrößert werden, damit er überhaupt eintreten konnte.

Von der Musterungskommission in Mattighofen wurde er weggeschickt, weil er die Messvorrichtung der k. u. k. Armee bei Weitem überragte.

Und als er bei einer Hochzeit, die im Garten des Brauwirts von Lengau gefeiert wurde, zu Gast war, ließ er sich den Bierkrug aus dem Fenster im ersten Stock reichen.

Der Riese bleibt immer hungrig

Seine Eltern waren rechtschaffene, arme Bauersleute, für die der Bub zum immer größeren Problem wurde. Die von der Mutter zubereiteten Essensportionen reichten nie, sein

Riesenmagen kam mit den normalen Mengen nicht aus, der Franzl blieb immer hungrig. Doch mehr konnte er nicht kriegen, mehr war einfach nicht da.

Für den Franzl gab's keine Schuhe – er benötigte Größe 59 –, kein Hemd und keine Kleider. Alles, was er brauchte, musste angefertigt werden, wobei für Hosen und Röcke der Schneidermeister Johann Klammer aus Lengau ins Haus kam. Der Klammer-Schneider war ein zugewanderter Böhme, der sich weit mehr vom Leben erhofft hatte, als es ihm geben konnte.

Als der arme Schneider zum ersten Mal dem noch ärmeren Franzl gegenübersteht, erkennt er sofort: Der Bursche ist eine Attraktion, aus der sich Kapital schlagen lässt. Er besucht ihn regelmäßig und redet auf ihn ein. »Geh weg von hier«, sagt er, »wenn du dich in Lengau schämst, dann komm mit mir auf einen Kirtag, wo dich keiner kennt. Jeden Tag ist irgendwo Kirtag, wir schließen einen Vertrag ab und ziehen mit einer Künstlertruppe herum. Ich kann im Ausland mit den Leuten genauso reden wie mit dir, wirst staunen, wie gut ich Italienisch kann und Englisch und Französisch.«

Das Gerede ist dem Franzl widerwärtig, er hat das obere Innviertel noch nie verlassen, ist nie über Lengau und die umliegenden Weiler hinausgekommen, nur einmal war er bei einer Wallfahrt in Altötting, die er in schrecklicher Erinnerung hat. Alle waren schockiert, als er ankam, Mütter flüchteten in ihre Häuser, gefolgt von den Kindern, die das Riesenkind für ein Gespenst hielten.

Seit damals will er gar nicht mehr fort aus der gewohnten Umgebung. Was soll er denn in der weiten Welt, sein

Bauernblut wehrt sich dagegen, etwas anderes zu sein als seine Vorfahren. Bloßfüßig, wie ein schwankender Turm, geht er durch Lengau, bebaut das kleine Feld des Vaters. Jedes Werkzeugstück, jede Schaufel, jeder Pflug wirkt in seinen Riesenhänden wie Spielzeug.

Und doch gehen immer wieder Gedanken durch seinen Kopf, Gedanken vom Jahrmarkt und vom Zirkus, die der Klammer ihm schmackhaft machen möchte. Er ist 21, als es dem Schneider gelingt, ihn zu überreden.

Der Franzl ist jetzt Riese von Beruf

Der Franzl ist jetzt Riese von Beruf.

Und wird in Ober- und Niederösterreich, in Kärnten, der Steiermark, in Görz, Triest, Fiume, Ungarn und Siebenbürgen zur Schau gestellt, wie ein exotisches Tier. Er zählt zu jenen Vagabunden, die von Ort zu Ort ziehen, oft ohne zu wissen, ob sie die Stadttore überhaupt passieren dürfen, ob ihre Anwesenheit genehm ist, denn Spielleute, Gaukler, Komödianten und Bettler gelten als rechtlose Geschöpfe. Nicht immer unterschreibt der jeweilige Bürgermeister den Satz: »Wegen abnormaler Körpergröße drei Tage Aufenthalt bewilligt.«

»Zwei Kreuzer Eintritt, die sich lohnen«

Doch was für »Auftritte« sind das! Schmutzige Säle in billigen Kaschemmen, auf deren Bühnen er sich zeigt. Franzl trägt ein Phantasiekostüm, das von falschen Edelsteinen, Goldplättchen und riesigen Knöpfen geziert wird. Steif und hölzern stolziert er über die Bretterböden, sagt kein Wort, lässt sich nur begaffen. »Meine Damen und Herren, bewundern Sie den größten Menschen der Welt«, schreit der Klammer-Schneider, »ein Wunder der Natur, wie Sie es noch nie gesehen, zwei Kreuzer Eintritt, die sich lohnen ...«

103

Bei Liliputanern,
Feuerschluckern
und Frauen ohne
Unterleib

Der Franzl schaut nicht auf die Menschen herab, er schenkt ihnen nur einen melancholischen Blick. Ganz klein ist er in diesen Momenten, der Riese mit seinen 2,58 Metern.

Und doch fühlt er sich hier bei den Liliputanern, den Feuerschluckern und »Frauen ohne Unterleib« bald wohler als unter den »Normalen«, denn beim fahrenden Volk hat fast jeder irgendeinen Makel, ist jeder auf seine Weise ungewöhnlich. Unter seinen neuen Freunden ist der Franzl ein geradezu unauffälliger Zeitgenosse, einer, den man nicht ununterbrochen als Weltwunder bestaunt. Und das ist ein Zustand, nach dem er sich ein Leben lang gesehnt hat.

Im Herbst 1885 ist er für drei Monate im Berliner Concordia-Theater engagiert. »Franz Winkelmeier hat ein wohlgebildetes Gesicht mit gutmütigem Ausdruck, ist aber besonders in der Breite der Schultern, noch unproportioniert, was auf Rechnung seiner großen Jugend und seines so überaus raschen Wachstums geht«, beschreibt ihn die Berliner *Illustrierte Chronik der Zeit*. »Mit nach oben ausgestreckter Hand kann er bequem einem auf dem ersten Range Sitzenden die Hand reichen oder sich, wenn er abends ausgeht, an einer Straßenlaterne die Cigarre anzünden.«

Niemand darf
den Riesen
unentgeltlich
sehen

Niemand, so bestimmt sein »Manager« Klammer, darf den Riesen unentgeltlich sehen. Er wird daher nur in dicht verhängten Kutschen befördert und am Ort seines nächsten Auftritts in einem billigen Hotelzimmer versteckt. Der Riese lockt mehr Leute an als die mitreisenden Kunstreiterinnen, Magier und die tanzenden Bären. Der Franzl hat freilich eine Prominenz erlangt, die ihm alles andere als behaglich ist. Er muss sogar Autogramme geben – und zu seiner Unterschrift gehört das Wort »Riese«.

Die Original-Unterschrift: »Franz Winkelmeier, Riese«

Der Riese rettet seine Familie

Jetzt aber zählt etwas anderes: Er verdient gut, hat zum ersten Mal in seinem Leben genug zu essen. Doch die Familie ist bis über beide Ohren verschuldet. Ein Bekannter wollte in Salzburg ein Käsegeschäft eröffnen, Franzls gutmütiger Vater unterschrieb eine Bürgschaft. Das bisschen Geld ist dahin, den Winkelmeiers soll das kleine Grundstück weggenommen werden. Der Einzige in der Familie, der das verhindern kann, ist der Riesensohn. Er schickt jeden Groschen, den er in der Fremde verdient, in die Heimat, kauft alles zurück, kann sogar von einem Nachbarn ein Stück Feld dazukaufen, das heute noch Riesen-Land heißt. »Im Schöscharhäusl ist ein Wunder geschehen«, sagt der Vater damals. »Ein Riese ist zur Welt kommen und hat uns die Schulden zahlt!«

Der Franzl kann der Familie jetzt zurückgeben, was er ihr in seiner Jugend »weggegessen« hat, was Tischler, Schuster und Schneider verrechneten. Als alles abgezahlt ist, ist er wieder genauso arm wie er es einst gewesen.

Auf Berlin folgt ein dreimonatiges Engagement ins berühmte Revuetheater der *Folies Bergère* in Paris. Da Franz

105

Winkelmeier jetzt ein gefeierter Star ist, rennen ihm die internationalen Agenten die Türen ein. Der Impresario Rosinsky verpflichtet »den größten Mann der Welt« nach London, wo der Franzl sechs Monate lang mehr als irgendwo anders gefeiert und beschenkt wird. Überall hängen Spruchbänder, Girlanden und Fahnen, die Menschen können sich nicht sattsehen an seinem gigantisch ungelenken Körper. Es herrscht ein gewaltiger Rummel, ein Termin jagt den anderen, der *London Pavilion*, in dem er fast täglich auftritt, ist stets ausverkauft.

Der Aufenthalt in England wird zum Höhepunkt seiner Karriere als Riese, ist er doch am 22. Juni 1887 Ehrengast eines Empfangs, den Queen Victoria aus Anlass ihres Fünfzigjahr-Thronjubiläums gibt. »Die Königin stellte ihn den anwesenden Fürstlichkeiten vor«, heißt es in Zeitungsberichten, »und schenkte dem Riesen eine goldene Uhr mit fein ziselierter Kette.«

Es ist die eigentliche Tragödie des Franz Winkelmeier, dass er auf Europas Varietébühnen bestaunt wird, privat aber kaum unter Menschen geht, da er sich überall verspottet und verhöhnt fühlt. »Er war sehr musikalisch«, erzählte die Großnichte, »und hat auch eine Zeit lang in der Musikkapelle von Lengau am Flügelhorn und die Zither g'spielt, aber er hat sich halt so geniert, weil er alle anderen überragte. Und da hat er seine schmucke Uniform auszogen und hat wieder aufg'hört zu spielen. Das hat ihn sehr getroffen.«

Traurig, wie so vieles in seinem Leben, verlief auch sein Ende. Die Manager in London waren vom Riesen, der die Hallen der Vergnügungslokale im East End wie kein ande-

*Der aus Lengau in Oberösterreich stammende Bauernsohn Franz Winkelmeier war
mit seinen 2,58 Metern der größte Mensch seiner Zeit.*

rer füllte, hingerissen. Man bot ihm eine vielfach erhöhte Gage an, aber seine Kräfte reichten nur noch für einen Auftritt am Tag.

Franzls Riesenkörper ist müde und krank, der ganze Trubel um ihn wird ihm zur Folter. Wie schön wäre es jetzt in Lengau, denkt der einfache Landbursch, der dringend bessere Luft benötigt, die im stickigen London nicht zu finden ist. Angebote aus Amerika langen ein, der Impresario Rosinsky drängt ihn, sie anzunehmen.

Doch da kommt die Schreckensnachricht aus der Heimat. »Grad wie er bei der Queen war, hat er erfahren, dass seine Mama gstorben is«, erzählte die Großnichte. »Er is glei z'haus gfahren und hat schrecklich gelitten.« Sechs Wochen später war auch er tot, dahingegangen an den Folgen einer Lungentuberkulose. Seine Organe waren dem übergroßen Körper nicht gewachsen.

Der Riese von Lengau war nur 27 Jahre alt geworden.

Er lag noch nicht unter der Erde, da machte man sich schon Gedanken, wie die Geschichte des Franz Winkelmeier in Zukunft zu vermarkten sei. Als wäre sein wirkliches Leben nicht tragisch genug gewesen, entstanden jetzt noch Legenden, die der Gemeinde Lengau möglichst viele Touristen bescheren sollten. So erzählte man, dass Franzls Gebeine nach seinem Tod zersägt wurden, um sie in einem normierten Sarg bestatten zu können. Man erfand auch, dass sein Leichnam aus seiner überlangen Ruhestätte am Fuße des Kirchturms von Lengau bei Nacht und Nebel von unbekannten Männern ausgegraben und nach England gebracht wurde. Natürlich im Auftrag der ihm fasziniert ergebenen Königin Victoria.

Dass derlei frei erfunden war, weiß man spätestens seit der Exhumierung des Riesen im Jahre 1970, die ihm in der Folge ein Separatgrab bescherte, das seiner Körperlänge entspricht. In Lengau erinnert heute auch ein eigenes Museum an den größten Menschen seiner Zeit, es gibt den *Verein der Freunde des Riesen von Lengau*, zwei Biografien, eine Oper und ein Theaterstück.

Späte Würdigungen, die der Franzl aus Lengau sich wohl nicht hätte träumen lassen.

Ein Museum, Bücher, eine Oper, ein Theaterstück

»Suche gleich große Frau«
Der Riese in der Anekdote

◆ Nach Aussage des berühmten deutschen Arztes Rudolf Virchow, der Winkelmeier persönlich untersuchte, war Franzl der größte Mensch, den man bis zu diesem Zeitpunkt weltweit vermessen hatte. Hormonexperten führen es heute, eineinhalb Jahrhunderte später, auf eine Überfunktion des Wachstumshormons zurück, dass die Natur derartige Kapriolen schlug. Das Wachstumshormon entwickelt sich in solchen Fällen auf Kosten anderer Hormone, oft zu Ungunsten der Geschlechtsentwicklung, weshalb Menschen, die so außergewöhnlich groß sind, meist auch ihr kindliches Aussehen behalten.

»A Frau oder Freundin«, bestätigte die Großnichte, »hat der Franzl nie g'habt, er hat immer nur seine Mama vergöttert.« Wenn ihn die Lengauer hänselten: »Franzl, du musst doch einmal heiraten«, zog er sich mit seinem Standardsatz aus der Affäre: »Ich hab schon eine Annonce aufgegeben: ›Suche gleich große Frau!‹«

◆ Dass Franz Winkelmeier 115 Jahre nach seinem Tod zum Helden der Opernbühne wurde, verdankt er einem Besuch Peter Turrinis bei der *Seewirtin* Johanna Enzinger in Zell am Moos. Als der Schriftsteller bei ihr einkehrte, erzählte sie ihm von dem Riesen, der in der Region immer noch eine Berühmtheit ist. Der Komponist Friedrich Cerha vertonte Turrinis Libretto, und es entstand die Oper *Der Riese vom Steinfeld*, die im Frühjahr 2002 an der Wiener Staatsoper – mit Thomas Hampson in der Titelrolle – ihre Uraufführung erlebte.

Klimts Geliebte spricht
Ein intimes Tonband taucht auf

Maria »Mizzi«
Zimmermann,
Klimts Modell und
Geliebte,
1879–1975

Maria Zimmermann hatte unter den vielen jungen Frauen, die Gustav Klimt Modell standen, eine Sonderstellung. Sie war mehrere Jahre mit ihm liiert und schenkte ihm zwei Söhne. »Mizzi«, wie er sie nannte, starb 1975 im Alter von 96 Jahren. Ein halbes Jahr vor ihrem Tod erzählte sie ihrer Urenkelin über ihre Beziehung zu Klimt. Lucina Kunz geborene Zimmermann vertraute mir mehr als vierzig Jahre später das Tonband an, das sie bei dem Gespräch mitlaufen ließ.

»Wie hast du ihn kennengelernt?«, lautet die erste Frage, die die 13-jährige Lucina mit jugendlicher Stimme stellt.

Gustav Klimt,
Maler, Gründungs-
präsident der
Wiener Secession,
1862–1918

»Ich habe mir als junges Mädel immer vorgestellt, wie mein Traummann aussieht«, antwortet die Urgroßmutter. »Ich wollte nur einen Mann, der das Aussehen hat, der intelligent ist, der einen Beruf hat und der einen Charakter hat. Ich hab damals in der Lange Gasse eine Fortbildungsschule besucht. Eines Abends geh ich nach der Schule die Josefstädter Straße hinunter, da kommt mir der Herr Klimt entgegen. Ich denke mir, mein Gott, der ist genau so, wie ich mir einen schönen Mann vorstelle.«

112

Er war die große Liebe ihres Lebens: Mizzi Zimmermann, etwa in dem Alter, als sie Gustav Klimt kennenlernte

»Und wie ist es dann weitergegangen?«, fragt Lucina.

»Ich hab ihn wahrscheinlich so auffallend angeschaut, dass er auf mich aufmerksam geworden ist. Und nach ein paar solchen Begegnungen hat er mich gegrüßt. So hat unsere Bekanntschaft begonnen. Eines Tages hat er mich angesprochen: ›Fräulein, wollen Sie sich von mir malen lassen?‹«

»Die große Liebe
ihres Lebens«

Das Tonbandgespräch zwischen Maria Zimmermann und ihrer Urenkelin fand im Sommer 1974 in der kleinen Bassenawohnung der alten Dame in der Weiglgasse 16 in Wien-Fünfhaus statt. »Sie hat auch nach so vielen Jahren nur in den höchsten Tönen von Klimt gesprochen«, erinnert sich Gustav Zimmermann*, der bei dem Interview seiner Tochter mit seiner Großmutter dabei war. »Klimt war die große Liebe ihres Lebens.« Und das, obwohl sie wusste, dass er gleichzeitig mit mehreren Mädchen Verhältnisse hatte.

Mizzi war 18, Klimt 35, als sie 1897 sein Modell wurde. »Man muss nicht schön, nicht ausgesprochen hübsch sein«, erklärt Mizzi auf dem Tonband, »man muss nur ein Typ sein, der den Künstler interessiert. Ich war ja nicht schön.«

»Oh ja«, unterbricht Lucina, »du warst schön.«

»Nein, ich habe keine regelmäßigen Züge gehabt, aber es war eine Mischung in mir, die er sofort erkannt hat. Mein Vater war russischer und meine Mutter böhmischer Abstammung, das hat ihn interessiert. Er hat sofort gewusst, wo ich herkomme.«

Eine Wohnung
für Mizzi

Es sollte nicht allzu lange dauern, bis Mizzi in Klimts Armen lag, er mietete in der Tigergasse, nur wenige Schritte von seinem Atelier entfernt, eine Wohnung für sie, in der sie dann mit seinen Söhnen Gustav und Otto lebte.

»Der Herr Klimt«, erzählt Maria Zimmermann auf dem Tonband weiter, »ist selbst in kleinen Verhältnissen in Baumgarten aufgewachsen. Als er sieben war, sind seine

---

* Gustav Zimmermann ist der Enkel von Maria Zimmermann und Gustav Klimt, Lucina Kunz die Urenkelin.

Eltern mit ihm und seinen sechs Geschwistern nach Wien auf die Schmelz übersiedelt, damit er in die Schule gehen konnte. Die Familie hat in einer ganz kleinen Wohnung gewohnt, so klein, dass die Kinder den ganzen Tag auf der Gasse verbracht haben. Seinem Vater musste er auf dessen Totenbett versprechen, dass er sich um die Familie kümmern wird.«

Das hat der bald bekannte und dennoch meist unter Geldmangel leidende Maler auch getan. »Er hat sehr einfach mit seiner Mutter und zwei unversorgten Schwestern in einer Zweizimmerwohnung gelebt«, sagt Mizzi. Bei aller Sparsamkeit und Bescheidenheit habe Klimt jedoch Wert auf elegante Kleidung gelegt. »Er hat sich die feinsten Stoffe ausgesucht und dem Schneider immer die Fasson vorgegeben, wie er den Anzug machen soll. Er hat Lackschuhe mit schwarzen Seidenbändern getragen. Meist hat er einen Hut in der Hand gehalten und so die Leute auf der Straße gegrüßt. Er war eine auffallende Erscheinung, dabei hat er sich gar nicht auffallend benommen.«

»Er war eine auffallende Erscheinung«

Klimt hatte eine starke soziale Ader, »er hat immer das menschliche Leid gesehen und mitgelitten. Ich bin oft mit ihm gesessen, und wir haben über das Elend gesprochen. Da hat er viele Tränen unterdrückt, so ein guter Mensch war das.«

»So ein guter Mensch war das«

»Hat er geraucht?«, will Lucina wissen.

»Nein, das wär ja gar nicht gegangen. Stell dir vor, er hätte im Atelier geraucht. In einer Hand hatte er die Palette, in der anderen den Pinsel. Da hätte er doch a Zigarette gar nicht halten können. Außerdem war er ein Naturmensch, er hat die gute Luft geliebt.«

Mizzi erzählt noch, dass Klimt überaus musikalisch gewesen sei. »Die Musik war ihm sehr wichtig. An jedem Sonntagvormittag ist er entweder zu den Symphonikern oder ins Philharmonische Konzert gegangen. Mit Gustav Mahler war er sehr befreundet, der hat ihm immer einen guten Sitzplatz verschafft. Auf seine Musik könnte er nicht verzichten, hat er zu mir gesagt. Und auch, dass er genauso gern Musiker oder Sänger geworden wäre wie Maler.«

Mizzi berichtet, dass sie auf Klimts Anraten eine Vorstellung des weltberühmten Tenors Enrico Caruso in der Hofoper besucht hätte. »Die Leute haben sich eine ganze Nacht und einen ganzen Tag angestellt, so begehrt war die Aufführung. Ich hab gar nichts von seinem Gesang gehabt, konnte ihn nicht genießen, so müde war ich durch das lange Warten. Aber immerhin, ich hab ihn gehört und gesehen, den Caruso.« Mit Klimt gemeinsam ging sie offensichtlich nie aus – sie waren ja kein »offizielles Paar«.

Doch darüber spricht Mizzi nicht. Sie erwähnt auf dem Tonband nur kurz Klimts langjährige Vertraute Emilie Flöge, »mit der muss er ein bissl ein Verhältnis gehabt haben«. Andere Frauen werden nicht genannt.

Abgesehen von der Musik hatte Klimt keine Hobbys, »dafür hätte er ja gar keine Zeit gehabt. Er musste ja so viele Mieten zahlen. Eine für sein Gartenatelier, eine für seine Privatwohnung, eine für meine Wohnung, eine für seine dritte Schwester. Das musste er alles zahlen. Er hat sich nicht viel bewegen können, daher hat er fast immer gemalt.«

Lucina Kunz bedauert, dass sie damals, mit ihren 13 Jahren, nicht in der Lage war, gezieltere Fragen zu stellen. »Ich war unvorbereitet, hatte kein Konzept, habe einfach drauf-

»Für Hobbys hatte er keine Zeit«: Mizzi Zimmermann über Gustav Klimt

los gefragt, was mir gerade einfiel. Manches habe ich mich auch nicht zu fragen getraut, weil ich Angst hatte, sie zu kränken oder irgendwelche Gefühle zu verletzen. Viel später dann hätten sich viel mehr Fragen aufgedrängt, aber da war's zu spät.«

Es ist freilich ein ausgesprochener Glücksfall, dass es diesen intimen Bericht über das Genie Gustav Klimt über-

117

haupt gibt: Lucina Zimmermann erhielt, kurz bevor sie dieses Tonprotokoll anfertigte, einen Kassettenrecorder als Geburtstagsgeschenk und wollte seine Funktion ausprobieren. Da fielen ihr die berühmte Liaison und das außergewöhnliche Leben ihrer damals 95-jährigen Urgroßmutter ein.

»Sie war jedenfalls gleich bereit dazu, auf meinem Tonband aus ihrem Leben zu erzählen, und konnte sich an vieles sehr gut erinnern.«

Außerdem schneidet Maria Zimmermann, die, als sie das Gespräch mit ihrer Urenkelin führte, bereits fast völlig blind war, von sich aus Themen an, etwa eine Episode, die auf Klimts Tierliebe hinweist: »Er ist jeden Tag von seiner Wohnung in der Westbahnstraße 36 in sein Atelier in der Josefstädter Straße 21 gegangen. Eines Tages – er trug Frack und Zylinder, weil er am Abend eine Einladung hatte – begegnet ihm am Spittelberg eine Kutsche. Das Pferd hat sich angestrengt, ist den Berg aber nicht hinaufgekommen. Da hat der Kutscher die Peitsche genommen und das Pferd geschlagen. Wie der Klimt das sieht, ist er hin zu dem Kutscher, hat ihm die Peitsche entrissen und eine heruntergehaut. Dann hat er, obwohl er so elegant angezogen war, am Fuhrwerk angetaucht, um dem Pferd zu helfen. So kam die Kutsche über den Spittelberg. Er war halt ein herzensguter Mensch.«

Im Gegensatz zu den Beziehungen mit den meisten anderen seiner Modelle hielt die mit Mizzi mehrere Jahre. Maria Zimmermann ging auch in die Kunstgeschichte ein, ist sie doch auf dem 1899 angefertigten Gemälde *Schubert am Klavier* zu sehen. Leider existiert das Bild nur noch als Fotogra-

Bleistiftskizze Gustav Klimts von seiner Geliebten Maria Zimmermann

fie, das Original wurde 1945 von abziehenden National-sozialisten auf Schloss Immendorf verbrannt.

Wann Klimts Beziehung mit Maria Zimmermann ausei-nanderging, wissen wir nicht. Jedenfalls brachte sie im Jahr 1902 noch den zweiten gemeinsamen Sohn Otto zur Welt (der im Alter von zweieinhalb Monaten starb). Der Kontakt blieb weiterhin aufrecht, da der Maler sich um seine Kinder kümmerte.

Mizzi spricht auf dem Tonband auch über Klimts Tod: »Er ist am 11. Jänner im letzten Kriegsjahr in der Früh auf-gestanden, will sich anziehen, fällt hin. Wie seine Schwes-ter ins Zimmer kommt, lag er regungslos am Boden, es war ein Schlaganfall. Gestorben ist er am 6. Februar 1918 um 6 Uhr in der Früh im Allgemeinen Krankenhaus.« Bitter für Mizzi war, dass sie, als er sterbend im Spital lag, nicht

Maria Zimmermann über Klimts Tod

zu ihm vorgelassen wurde. Emilie Flöge und ihre Familie haben das verhindert.

Nach Klimts Tod gaben die Mütter von insgesamt 14 Kindern an, dass der Maler ihr Vater sei, sechs Kinder wurden gerichtlich anerkannt, darunter die beiden Söhne von Maria Zimmermann.

Mizzi heiratete einige Jahre nach Klimts Tod einen wesentlich älteren Straßenbahnschaffner namens Leopold Graindl. »Es war wohl nicht die große Liebe«, meint Enkel Gustav Zimmermann, »ihr ging es eher darum, sich versorgt zu wissen. Tatsächlich hat sie nach Graindls Tod im Jahr 1938 eine kleine Rente bekommen.«

Gustav Klimt hinterließ Mizzi 8000 Kronen*, das war nicht sehr viel. »Die vielen Bilder, die er meiner Großmutter zu seinen Lebzeiten schenken wollte«, weiß Gustav Zimmermann, »hat sie nicht genommen, sie sagte: ›Ich bitt dich, verkauf die Bilder, ich brauch das Geld zum Leben und nicht deine Bilder.‹«

Rückblickend gesehen, war das wohl ein Fehler. Klimts Bilder zählen heute zu den teuersten Kunstwerken der Welt, seine *Goldene Adele* erzielte 2006 in den USA 135 Millionen Dollar. Maria Zimmermann lebte bis zuletzt in sehr bescheidenen Verhältnissen.

---

* Diese Summe entspricht laut »Statistik Austria« im Jahr 2018 einem Betrag von rund 3400 Euro.

»Eigentlich hab ich's mir ärger vorgestellt«
Klimt, Schiele & Co in der Anekdote

◆ Kaiser Franz Joseph eröffnete in der Secession eine Klimt-Ausstellung. Der Monarch, der in seiner Jugend selbst ein talentierter Zeichner war, war von den pompösen Bildern des Historienmalers Hans Makart geprägt und konnte mit den neuen Stilelementen der Secessionisten wenig anfangen. Beim Hinausgehen sagte der Kaiser nicht wie in den meisten Fällen: »Es war sehr schön, es hat mich sehr gefreut«, sondern: »Eigentlich hab ich's mir ärger vorgestellt.«

◆ Wenn diese Herren gewusst hätten, welche Millionen-werte sie verbrannten: Egon Schiele, dessen Vater k. u. k. Bahnhofsvorstand in Tulln war, saß oft tagelang am Fens-terbrett der Dienstwohnung im Bahnhofsgebäude, in der er mit seinen Eltern und seinen beiden Schwestern auf-wuchs, und fertigte Hunderte Studien der Züge, Geleise und Signalanlagen an, die er vom Fenster aus beobachten konnte. Egons Vater steckte die Bilder eines Tages unter heftigem Protest des Sohnes in den Kachelofen und ver-brannte sie.

Der nächste Übeltäter war Egon Schieles Richter, der ihn 1912 im Kreisgericht St. Pölten wegen »Verbreitung unsittlicher Zeichnungen« verurteilte. Nachdem die Poli-

zei mehr als hundert als »pornografisch« eingestufte Zeichnungen beschlagnahmt hatte, wollte der Richter seine
Abscheu vor Schieles Kunst ausdrücken und verbrannte
am Ende der Verhandlung eine Aktstudie über einer im
Gerichtssaal entzündeten Kerze. Der gute Mann konnte
nicht ahnen, dass er damit das Werk eines Malers ver-
nichtete, dessen Bilder eines Tages Höchstpreise erzielen
sollten.

◆ Eine ältere Dame kam in das Atelier von Oskar
Kokoschka, um sich von dem noch jungen Maler porträ-
tieren zu lassen. Am nächsten Tag schon begann die erste
Sitzung, und nach einer Woche zeigte ihr der Meister sein
Werk. Die Auftraggeberin drückte ihre Zufriedenheit aus:
»Schön ist es geworden, Herr Kokoschka, aber ich hätte
gern, dass Sie mir Ohrringe dazumalen.«

»Aber gnädige Frau«, zeigte sich der Maler entsetzt, »Sie
haben so schöne Ohren, warum soll ich sie durch Ohrringe verdecken?«

»Ich will Ohrringe!«

Kokoschka malte und zeigte der Dame anderntags das
geänderte Werk. Sie betrachtete es und meinte nun: »Sehr
schön. Aber jetzt möchte ich noch ein schönes
Perlencollier.«

»Warum denn das«, wandte Kokoschka ein, »wo Sie doch
einen so schönen Hals haben?«

»Ich will ein Collier!«

Kokoschka malte auch dieses. Neuerlich betrachtete die Dame ihr Porträt. Und wünschte sich nun noch – ein Diadem.

»Bei Ihrem wunderschönen Haar?«

Kokoschka wusste freilich, dass jeder Einwand zwecklos war, und malte auch noch das Diadem. Die Dame war endlich zufrieden und bezahlte das Bild.

»Gestatten Sie mir eine Frage«, sagte Kokoschka, während er das Gemälde einpackte, »wozu wollten Sie all den Schmuck?«

»Schauen Sie, Herr Kokoschka«, antwortete die Frau, »ich bin nicht mehr die Jüngste und ich bin krank, sehr krank. Ich werde nicht mehr lange leben. Mein Mann hat eine junge Freundin. Kaum werde ich unter der Erde sein, wird er sie heiraten. Eines Tages wird sie sich das Bild ansehen, und ihre erste Frage wird sein: ›Wo ist der Schmuck?‹

Sehen Sie, lieber Herr Kokoschka«, sagte die alte Dame lächelnd, »das ist der Grund, warum ich mir das alles hab malen lassen.«

Die alte Dame nahm ihr Bild und ging. Oskar Kokoschka hat sie nie wieder gesehen.

»Darf ich den Brand melden?«
Die Zerstörung eines Wiener Wahrzeichens

Die Wiener hingen an ihr wie am »Steffl« und am Riesenrad: Die Rotunde war der größte Kuppelbau der Welt und ein beliebtes Ausflugsziel für Jung und Alt, das auch von Fremden aus aller Welt mit großer Ehrfurcht bestaunt wurde. Bis am 17. September 1937 ihre letzte Stunde schlug: Eines der populärsten Wahrzeichen der Stadt ging an diesem Tag in einem Flammenmeer unter. Weil es für dieses Bauwerk von gigantischer Dimension trotz der enormen Brandgefahr, die von ihm ausging, keinen Katastrophenplan gab.

Die im Wiener Prater gelegene Rotunde war eine Fehlkonstruktion, die - wie Wiens damaliger Branddirektor Rudolf König in seinem Einsatzbericht festhielt - »dem Feuer alle, der Feuerwehr keine Chance bot. Wie ein hohler Götze zeigte die Rotunde nach außen imponierende Ausschau, eiserne Festigkeit und steinerne Dauerhaftigkeit, während sie in ihren ungeheuren Hohlräumen aus Stroh, Jutelappen, Holz und Gips hergestellt war. Alle dort mit der Brandabwehr befassten Stellen wussten, dass der Wettlauf mit dem Feuer nur in den ersten Minuten gewonnen werden konnte. Oft und oft hat die Feuerwehr diesen

Lauf gewonnen, diesmal herrschten Verhältnisse vor, die dem Feuer die Oberhand verschafften.«

Der Wahnsinn begann unmittelbar nach Ausbruch des Brandes: Ein Arbeiter, der kurz nach Mittag Flammen aus der Holzverkleidung der 85 Meter hohen und tausend Tonnen schweren Kuppel hervorschießen sah, ging –

Ein Wiener Wahrzeichen: Die Rotunde im Prater war der größte Kuppelbau der Welt.

125

anstatt sofort einen der vielen Feuermelder zu betätigen – erst zur Gebäudedirektion, um anzufragen, »ob der Brand gemeldet werden darf«. Als er dort niemanden antraf, lief er zur Brandstelle zurück. So verging fast eine halbe Stunde, ehe die Feuerwehr eintraf. Doch da stand das Gebäude bereits lichterloh in Flammen. Obwohl die große Brandgefahr der Eisen-Holz-Gipskonstruktion bekannt war, herrschte maßlose Schlamperei, die darin gipfelte, dass es für die Mitarbeiter keine Anweisungen gab, wie sie im Falle eines Brandes zu agieren hätten.

»Die größte Weltausstellung aller Zeiten«

Die vom Architekten Carl von Hasenauer, einem der Erbauer des Burgtheaters, geplante Rotunde war 1873 als Mittelpunkt und Attraktion der »größten Weltausstellung aller Zeiten« errichtet worden und sollte – ähnlich dem erst später gebauten Pariser Eiffelturm – als Symbol der neuen Zeit dienen. Doch die Jahrhundertschau stand von Anfang an unter keinem guten Stern. Man hatte mit 20 Millionen Besuchern gerechnet, aber infolge zweier Tragödien kam nur ein Bruchteil der Gäste. Die beiden Ereignisse waren ein nie da gewesener Börsenkrach und eine verheerende Choleraepidemie, die Wien ausgerechnet während der großen Kultur- und Wirtschaftsveran-

»Die größte Fehlspekulation des Jahrhunderts«

staltung heimsuchte. Wer konnte, verließ fluchtartig die Stadt, die sechs Monate dauernde Ausstellung, zu der 53 000 Teilnehmer aus aller Welt gekommen waren, endete mit einem horrenden Defizit in Höhe von 15 Millionen Gulden* und machte als »größte Fehlspekulation

---

* Diese Summe entspricht laut »Statistik Austria« im Jahr 2018 einem Betrag von rund 160 Millionen Euro.

des Jahrhunderts« und als »zweites Königgrätz«
Schlagzeilen.

Der spätere Wiener Polizeipräsident Josef Holaubek war
damals als junger Feuerwehrmann mit seinen Kameraden von der Feuerwache Ottakring als Verstärkung zu dem
Großbrand gerufen worden und erzählte mir 1978 von
diesem Einsatz: »Der Anblick, der sich uns bot, als wir in
die Nähe der Rotunde kamen, war deprimierend. Einen
Brand dieses Ausmaßes hatten wir nicht erwartet. Das
gesamte Ausstellungsgelände stand in Flammen, die Rauchentwicklung war katastrophal, der Himmel über Wien
dunkelrot.«

*Josef Holaubek,
1907–1999*

*»Die Rauchentwicklung
war katastrophal, der
Himmel über Wien dunkel-
rot«: Der spätere Polizeipräsident Josef Holaubek war beim
Brand der Rotunde als junger
Feuerwehrmann im Einsatz.*

Hunderte aus allen Wiener Bezirken eintreffende Feuer-
wehrmänner kämpften gegen das übermächtige Feuer an,
Dutzende versuchten unterhalb der riesigen Kuppel, deren

127

Durchmesser 108 Meter betrug, zu löschen. Um 13.30 Uhr kam der Befehl, den Innenraum der Rotunde augenblicklich zu verlassen. »Drei Minuten später«, erinnerte sich Holaubek, »um 13.33 Uhr, stürzte die tausend Tonnen schwere Kuppel aus vierzig Meter Höhe mit einem Höllenlärm in die Tiefe und grub ein gewaltiges Loch in den Boden.«

Probleme mit der Wasserzufuhr

»Der Einsturz der Kuppel hätte unfehlbar alle Löschpersonen getötet«, erklärte Branddirektor König, »die Männer waren in letzter Minute abgezogen worden.« Nachdem die Kuppel eingestürzt war, löschten die Einsatzkräfte bis in die späten Nachtstunden weiter, mit dem Ziel, die noch bestehenden Hallen, Ecktürme und Galerien zu retten.

Und auch da wird's wieder österreichisch: »Zeitweise hatten wir«, so Holaubek, »große Probleme mit der Wasserzufuhr, weil so viele Schlauchleitungen gelegt worden waren. Die in der Umgebung der Rotunde für den Schlag gegen das Feuer zur Verfügung stehende Wassermenge betrug auf jeder Seite etwa 2000 Liter pro Minute. Experten errechneten, dass für die Löschung des in Vollbrand stehenden Gebäudes eine Minutenwassermenge von 150 000 Litern (!) notwendig gewesen wäre.«

Zurück bleibt ein Trümmerfeld

Der Kuppelbau samt Nebengebäuden brannte völlig aus, zurück blieb ein Trümmerfeld. Hätte es – wie das bei Großbauten im Normalfall selbstverständlich ist – für die Rotunde einen Katastrophenplan gegeben, würde sie möglicherweise heute noch stehen. Der Palast an der Stelle des späteren Messegeländes war weder versichert, noch konnte je die Ursache des Brandes geklärt werden, der glücklicherweise keine Verletzten oder Todesopfer forderte.

Die Wiener trauerten um ihre Rotunde, an die heute noch der Rotundenplatz, die Rotundenallee, die Rotundenbrücke und die von Johann Strauß zur Eröffnung komponierte *Rotunde-Quadrille* erinnern. Noch mehr aber das zweifellos populärste aller Wienerlieder, das Fiakerlied, das im Jahr 1885 in der Rotunde von Alexander Girardi aus der Taufe gehoben worden war.

»I bin's, der Präsident!«
Josef Holaubek in der Anekdote

◆ Die Burgtheaterdirektion stellte ihrem ersten Schauspieler Werner Krauß nach dem Zweiten Weltkrieg eine Dienstwohnung in der Porzellangasse zur Verfügung, die nach seinen Wünschen aufwendig renoviert und eingerichtet wurde. Der Mime zog mit seiner Frau ein, meldete aber schon nach der ersten dort verbrachten Nacht, dass er hier nicht länger bleiben könnte. »Warum?«, fragte ihn der geschockte Burgtheaterdirektor Raoul Aslan.

»Weil ab sieben Uhr früh ein derartiger Autolärm herrscht, dass ich nicht schlafen kann.« Gerade die Morgenruhe aber wäre besonders wichtig, um Kraft für seine abendlichen Auftritte zu schöpfen.

Es war unmöglich, dem Publikumsliebling eine andere Wohnung zu besorgen, da die finanziellen Reserven des Theaters schon durch die Renovierung der ersten restlos erschöpft waren.

Was tun? Polizeipräsident Josef Holaubek wurde eingeschaltet. Der ließ zwei Wachleute in der Porzellangasse postieren, die jeden Morgen die Automobile über andere Straßenzüge umleiteten. Somit konnte der Herr Kammerschauspieler ruhig schlafen.

◆ Endgültig zur Legende wurde Holaubek, als er 1971 – selbst unbewaffnet – einem schwer bewaffneten Ausbrecher und Geiselnehmer aus der Strafanstalt Stein, der sich in einem Haus verbarrikadiert hatte, zurief: »Kumm auße, i bin's, der Präsident.« Und ihn festnahm.

◆ Als »Joschi« Holaubek ein Jahr später in Pension ging, war dies für Hans Weigel »der Abschied von einem Wahrzeichen«.

»A Kutscher kann a jeder wer'n«
Wie das Fiakerlied entstand

A echt's Weanakind

Der Begriff Fiaker kommt zwar aus Paris, wo es den ersten Standplatz für Pferdewagen gab – er lag in der *Rue Saint Fiacre.* Aber durchgesetzt hat sich der Ausdruck letztlich in Wien, während die Fuhrleute im übrigen deutschen Sprachraum als Droschken- oder Lohnkutscher bekannt wurden. Unvorstellbar, dass sie hier so heißen würden, denn dann müssten die beiden Zeilen im Wienerlied lauten:

> Mein Stolz is, i bin halt an echt's Weanakind,
> A Droschkenkutscher, wie man net alle Tag find't.

Seit 1800 gibt's die Wiener Fiaker

Nein, das geht wirklich nicht! Pferdebespannte Kutschen gehörten schon im Barock zum Wiener Stadtbild, im Jahr 1800 gab es dann so viele, dass sich die Behörde der Ordnung halber veranlasst sah, sie zu nummerieren. Seit damals werden sowohl die Lenker als auch deren Gefährte in Wien Fiaker genannt.

Die an allen Ecken und Enden der Stadt ihrer Kundschaft harrenden »Nummerierten«, wie sie anfangs auch hießen, waren vielfach Typen und Originale, deren richtige Namen weitestgehend unbekannt waren, weil man sie unter ihren volkstümlichen Pseudonymen zur Fuhr rief. Den »Hungerl« etwa oder den »Golatschentoni« oder den »G'studierten«, der so genannt wurde, weil er seine Wartezeiten am Standplatz – man fasst es kaum – dazu nützte, um aus den Werken des altgriechischen Philosophen Plutarch zu lesen. Der Leibfiaker der Schauspielerin Therese Krones hieß »Pfauenhansl« und der von Ferdinand Raimund »Walter-Scott-Seppl«, weil er in den Pausen zwischen seinen Fuhren die Romane des englischen Dichters verschlang. Nur ein einziger Wiener Lohnkutscher war unter seinem wirklichen Namen bekannt: Josef Bratfisch, der Leibfiaker des Kronprinzen Rudolf, hieß wirklich so, obwohl man gerade seinen Namen für eine wienerisch anmutende Persiflage halten könnte.

Der »Hungerl«, der »Golatschen-toni«, der »G'studierte«

Nichts und niemand hat die mit Melone oder Zylinder behüteten Lenker der durchwegs zweispännigen Wagen so populär gemacht wie das Fiakerlied des Wiener Kaufmanns, Hobbykomponisten und Textdichters Gustav Pick.

Und das kam so: Eine alte Wiener Verordnung hatte es den Fiakern verboten, auf einem Standplatz zu stehen, ihre Pferde mussten im Stall auf Kundschaft warten, was allerorts als bürokratische Schikane empfunden wurde. Adelige und reiche Bürger hatten ihre eigenen Kutschen, andere mussten jedoch auf umständliche Weise in den Unterkünften der Fuhrunternehmer solche anmieten. Im Jahr 1785 wurde den Kutschern endlich gestattet, öffentliche Standplätze zu beziehen. Damit hatte man für Fahrer und Kunden eine gewaltige Erleichterung geschaffen.

Der erste Standplatz

Genau hundert Jahre später, im Frühjahr 1885 also, wollte die Wiener Fiakerzunft das Jubiläum der Genehmigung ihrer Standplätze feiern. Was noch fehlte, war ein passendes Lied.

Der auf der Wieden wohnhafte Gustav Pick, der sich zu seinen Geschäftsterminen gerne im Fiaker führen ließ, schuf es. Das Fiakerlied entstand, wie alle seine Werke entstanden sind: Da Pick keinerlei musikalische Ausbildung hatte, setzte er sich ans Klavier, spielte eine Melodie, die ihm gerade einfiel, und sein Freund Dr. Ronsburger schrieb diese in Noten nieder. Nachdem er auch einen passenden, den Wiener Fiakern gewidmeten Text gefunden hatte, vermutete Pick, wieder ein Lied geschrieben zu haben, das wie alle seine anderen kaum Beachtung finden würde.

Doch diesmal sollte er sich gründlich getäuscht haben. Wenige Tage nachdem das Lied entstanden war, kam der mit ihm befreundete Graf Hans Wilczek, der Präsident der Wiener Freiwilligen Rettungsgesellschaft, in seine Wohnung. Er sah die Notenblätter auf Picks Schreibtisch liegen, las den Text, war begeistert und ließ sich dann die Melodie vorspielen. Wilczek erkannte sofort, wie treffend die Wiener Fiaker in dem Lied charakterisiert wurden, und er erkannte auch die Zugkraft der Musik.

Somit war der lang gesuchte Schlager geboren, den Wilczek für sein bevorstehendes Fest in der Rotunde gesucht hatte. Der Reingewinn der karitativen Veranstaltung sollte der von ihm gegründeten Wiener Rettungsgesellschaft zugutekommen. Wilczek schlug gleich vor, dass das Lied von Alexander Girardi aus der Taufe gehoben werden müsste. Der lernte es bei einer schnell einberufenen Vor-

Gustav Pick war Kaufmann und Hobbykomponist. Er schuf nur eine einzige Melodie, die Erfolg hatte – und sie wurde zum Jahrhundertschlager: das Wiener Fiakerlied.

führung im Palais Wilczek in der Herrengasse kennen, zu der auch eine »Sachverständigen-Kommission«, bestehend aus den Fiakern Bratfisch, »Rohrer-Schorschl« und »Friseur Brady«, geladen war.

Gustav Pick setzte sich ans Klavier, besang seine »harben Rappen«, sein »Zeugl« und sein »Bluat«, das so »lüftig und leicht wia der Wind« sei, und alle Anwesenden waren auf Anhieb begeistert. Alle außer Girardi, der das Lied in seiner direkten Art als »Mist« bezeichnete, den er nicht zu singen bereit wäre. Nach längerer Gegenwehr ließ er sich dann doch dazu überreden und sollte damit einen der größten Erfolge seiner Laufbahn feiern.

Girardi gefällt das Lied nicht

Zu diesem Zeitpunkt war bereits ein großes, von der umtriebigen Fürstin Pauline Metternich organisiertes Praterfest inklusive Blumenkorso, Tombolas und sonstigen Vergnügungen in Vorbereitung. Mit diesem Lied im Köcher war klar, dass es im Zeichen des Hundertjahrjubiläums der Wiener Fiakerzunft stehen würde. Am 24. Mai, dem Pfingstsonntag des Jahres 1885, war es dann so weit, das Lied kam in der Wiener Rotunde zur Uraufführung. Volksliebling Alexander Girardi fuhr mit der für die Fiaker typischen Berufskleidung – schwarzes Sakko, schwarzgrau gestreifte Hose und Zylinder – in einem offenen Zweispänner vor, entstieg seiner Kutsche und sang das Fiakerlied vor Tausenden Gästen, darunter viele Fiaker. Der Schauspieler wurde vom Publikum immer wieder durch lautstarken Applaus unterbrochen und musste jede einzelne Strophe mehrmals wiederholen. Wiens Lohnkutscher erkannten sofort, dass ihr Berufsstand durch dieses Lied eine einzigartige Aufwertung erfahren hatte. Die Wiener Rettungsgesellschaft erzielte an diesem Abend einen Reingewinn von 2000 Gulden*.

Jede Strophe muss mehrmals wiederholt werden

> I führ zwa harbe Rappen,
> Mein Zeugl steht am Grab'n,
> A so wie dö zwa trappen,
> Wern s' net viel g'sehn hab'n
> A Peitschen, na das gibt's net,
> Ui jessas nur net schlag'n,
> Das Höchste wär a Schnalzer,
> Sonst z'reißen s' glei den Wag'n ...

---

* Diese Summe entspricht laut »Statistik Austria« im Jahr 2018 einem Betrag von rund 22 000 Euro.

Gustav Pick war wie so viele Wiener kein »echt's Weana Kind«, er war als Sohn eines Kaufmanns im damals ungarischen Rechnitz* zur Welt gekommen und im Volksschulalter mit seinen Eltern in die Haupt- und Residenzstadt übersiedelt. Hier trat er schon als junger Mann aus purer Lust an der Musik in Unterhaltungslokalen auf und erfreute die Gäste mit seinem Gesang und Klavierspiel. Pick war ursprünglich Bankbeamter und vertrat später als selbstständiger Kaufmann die Interessen angesehener Firmen an der Wiener Börse. Seinen Geldgeschäften ging er nur nach, um seine Familie zu ernähren – die wahre Liebe gehörte zeitlebens seinen künstlerischen Neigungen. Verheiratet war er mit der Wienerin Friederike Brandeis-Weikersheim, die ihm zwei Söhne schenkte, aber im Alter von nur 22 Jahren starb.

Kein »echt's Weana Kind«

Als Hobbykomponist hat Gustav Pick im Lauf seines Lebens viele Lieder geschrieben, die jedoch, abgesehen von seinem Geniewurf, allesamt unbekannt blieben, darunter *Der Wasserer* oder *Das waß nur a Weana, a Weanerisches Bluat*. In seinem Hauptberuf überaus erfolgreich, legte Pick sein Vermögen in einer beachtlichen Kunstsammlung an. Zu seinem Freundeskreis zählten neben Graf Wilczek auch Johann Nestroy und Arthur Schnitzler, der mit Pick durch seinen Onkel, den Bankier Friedrich von Schey, verwandt war. Zum Zeitpunkt des Entstehens des Fiakerliedes war Pick 52 Jahre alt.

Pick ist 52, als das Fiakerlied entsteht

---

* Markt Rechnitz liegt heute im Burgenland.

137

»Aber fahren,
des kennan s' nur
in Wean«

Vom Lamm* zum Lusthaus fahr i's

In zwölf Minuten hin,

Mir springt kans drein net in Galopp,

da gehen s' nur allweil trapp, trapp, trapp.

Wann s' nachher so recht schießen,

Da spür i's in mir drin,

dass i die rechte Pratzen hab,

dass i a Fiaker bin.

A Kutscher kann a jeder wer'n,

aber fahren, des kennan s' nur in Wean.

Mein Stolz is, i bin halt an echt's Weanakind,

A Fiaker, wie man net alle Tag' find't.

Mein Bluat is so lüftig und leicht wia der Wind,

I bin halt an echt's Weanakind ...

*Pick verzichtet
auf Tantiemen*

Als das Fiakerlied nach der dritten Zugabe in der Prater-Rotunde verklungen war und der Beifallssturm noch immer nicht enden wollte, ging Girardi beschämt und gerührt auf Gustav Pick zu und drückte ihm die Hand – als wollte er sich dafür entschuldigen, die Kostbarkeit dieses Wiener Kleinods nicht erkannt zu haben. Pick stand bescheiden am Rand der Bühnenrampe, niemand in dem riesigen Zuschauerraum wusste, wer er war, auch auf den Zetteln mit dem Text des Fiakerliedes, die im Publikum verteilt wurden, fehlte sein Name, man las bloß die Worte »Gesungen von Alexander Girardi«. Pick hat nie einen Kreuzer an seinem Jahrhundertschlager verdient, Tantiemen im heutigen Sinn kannte man

---

* Gemeint ist das Hotel *Zum Goldenen Lamm* in Wien-Leopoldstadt, heute Praterstraße 7.

damals noch nicht, und das Geld vom Verkauf der Notenblätter überließ er der Rettungsgesellschaft.

Nach der Uraufführung des Fiakerlieds durch Alexander
Girardi entdeckten »Die Schrammeln« den urwienerischen
Text und die gängige Melodie für sich und formten sie
durch ihre Interpretation zur Wiener Hymne. Das Lied
wurde später durch Paul Hörbiger auch in Berlin populär –
man nannte ihn dort »Fiaker-Paule« –, es gibt eine engli-
sche (*I have two little horses, the Graben is my stand*), eine
tschechische und eine türkische Version, aber in der Zeit
des Nationalsozialismus wurde die Aufführung infolge
Picks jüdischer Herkunft verboten. Und zwar mit dem
Hinweis, der im *Völkischen Beobachter* vom 10. August 1942
nachzulesen ist: »So fröhlich kann das monotone Fiaker-

*Eroberte das
Publikum mit dem
Fiakerlied im
Sturm: Alexander
Girardi als
Kutscher in der
Wiener Rotunde*

139

»Der Kutscher und sei Zeugl« gehören zum Stadtbild

lied des unbegabten Juden Gustav Pick gar nicht gesungen werden, dass der deutschblütige Wiener nicht instinktiv gegen jeden rassisch minderwertigen Einfluss protestiert.«

Heute noch gehören »der Kutscher und sei Zeugl«, auch wenn diese längst von Taxis zurückgedrängt wurden, als Touristenattraktion zum Wiener Stadtbild.

I bin bald sechzig Jahr alt,
Vierz'g Jahr steh i am Stand,
Der Kutscher und sei Zeugl
War'n allweil fein beinand.
Und kommt's einmal zum Abfahr'n,
Und wer i dann begrab'n,
So spannt's ma meine Rappn ein
Und führt's mi übern Grab'n
Da lassts es aber lauf'n
Führt's mich im Trab hinaus
I bitt ma's aus, nur net im Schritt,
Nehmt's meinetwegn die Kreuzung mit.
Das is a Muaß, das Umziag'n
Ins allerletzte Haus,

»So lüftig und leicht wia der Wind«

Und d' Leut, die sollen merken,
An Fiaka führt ma 'naus.
Und auf mein Grabstein da soll steh'n,
Damit's die Leut a deutlich sehn:
Sein Stolz war, er war halt, an echt's Weanakind,
A Fiaker, wia man net alle Tag find't,
Sein Bluat war so lüftig und leicht wia der Wind,
Er war halt an echt's Weanakind.

Gustav Pick starb am 29. April 1921 im Alter von 88 Jahren in Wien und wurde am Zentralfriedhof beigesetzt. Zu seinem Begräbnis erschienen Hunderte Fiaker in pferdebespannten Kutschen, um ihm das letzte Geleit zu geben. Sie haben nie vergessen, was Pick für sie getan und dass er ihnen ein einzigartiges Denkmal gesetzt hatte.

Das letzte Geleit für Gustav Pick

141

»Oh, entschuldigen Sie, Herr Baron«
Gustav Pick und Wiens Fiaker in der Anekdote

◆ Obwohl das Rasen verboten war, fuhren die Kutscher in keiner anderen Stadt so schnell wie in Wien. Wohl weil sie als besonders geschickte Kutscher galten, aber auch, weil sie über ausnehmend gute Beziehungen zur Polizei verfügten. Dass es hier trotz des hohen Tempos zu weniger schweren Unfällen kam als in anderen Großstädten, regte Karl Kraus zu einer Glosse an: »Die Sicherheit in Wien ist schon deshalb Garantie: Der Kutscher überfährt den Passanten nicht, weil er ihn persönlich kennt.«

◆ Die Kundschaft konnte unter verschiedenen Fahrzeugtypen wählen, es gab geschlossene Wagen und Coupés, Comfortables sowie – für Überlandpartien – Landauer. Neben den »nummerierten« Fuhrwerken, deren Kutscher mit dem Aufruf »Fahr ma, euer Gnaden« um Fahrgäste warben, gab es nach wie vor die wesentlich teureren, »unnummerierten« Privatequipagen, die nur einem Fahrgast zur Verfügung standen, den der Fiaker prinzipiell als »Herr Baron« titulierte, ganz egal, welchem Stand er angehörte.

◆ Als das Fiakerlied in Windeseile die Runde machte, gab es in Wien rund tausend Fiaker – doch waren sie damals nicht sonderlich beliebt. Was in erster Linie daran lag, dass es weder einheitliche Taxen noch »Taxameter« gab, jeder Fahrer konnte verlangen, was er wollte. »Mir werd'n kan Richter brauchen«, war die übliche Reaktion der Fuhrleute, wenn ein Gast das geforderte Fahrgeld nicht zahlen wollte, danach kam es nicht selten zu verbalen, mitunter sogar zu tätlichen Auseinandersetzungen.

Das Fiakerlied verbesserte das Image der Zunft erheblich, »der Kutscher und sei Zeugl« wurden in neuem Licht gesehen und erfreuten sich zunehmender Popularität.

◆ Gustav Pick besuchte eines Tages seinen Freund Hans Wilczek auf dessen Gut in Seebarn in Niederösterreich. Er wurde durch den Jagdmeister des Grafen vom Bahnhof abgeholt und begrüßt: »Sind Euer Durchlaucht gut gereist?«

»Ich bin keine Durchlaucht«, erwiderte Pick.

»Verzeihen, Euer Erlaucht!«

»Ich bin keine Durchlaucht, keine Erlaucht, kein Fürst, kein Graf – ich bin ein Jud.«

Darauf der Jagdmeister: »Oh, entschuldigen Sie, Herr Baron.«

143

Kriminalfall Girardi
Ein Volksschauspieler erlebt die Hölle auf Erden

Alexander Girardi,
Volksschauspieler
und -sänger,
1850–1918

Alexander Girardi, so wird erzählt, hätte einmal den alten Kaiser bei einem Spaziergang durch Bad Ischl begleitet, da drehten sich die Leute um und fragten: »Wer ist denn der alte Herr neben dem Girardi?«

Ganz so wird's wohl nicht gewesen sein, aber die Episode deutet darauf hin, wie populär der erste Interpret des Fiakerliedes war. Eine Verbindung in ganz anderer Form gab's zum alten Kaiser allerdings wirklich: Durch Franz Josephs Intervention wurde der Volksschauspieler im Jahr 1894 davor bewahrt, in ein »Irrenhaus«, wie psychiatrische Anstalten damals noch hießen, gesperrt zu werden.

Jeder Wiener, der etwas auf sich hielt, trug einen Girardi-Hut, stützte sich auf einen Girardi-Stock, sprach und bewegte sich wie Girardi. Johann Strauß hatte Melodien für ihn geschrieben, kurzum: Österreich war im Girardi-Fieber.

Der Sohn eines
Schlossermeisters

In Graz als Sohn eines aus Cortina d'Ampezzo eingewanderten Schlossermeisters geboren, musste der junge »Xandl« vorerst gegen seinen Willen das Schlosserhandwerk erlernen. Erst nach dem Tod des Vaters konnte er

144

sich seinen Wunschtraum erfüllen und zum Theater gehen. Und er brachte es zum beliebtesten Schauspieler seiner Zeit, feierte Triumphe in den von ihm kreierten Rollen als Frosch in der *Fledermaus* und als Zsupan im *Zigeunerbaron*. Er war in seiner Glanzzeit so populär, dass er den wohl kuriosesten Vertrag der Theatergeschichte abschließen konnte. Da er mit der Eigentümerin und Direktorin des Theaters an der Wien verfeindet war, lautete eine Passage seines Kontrakts: »Wenn Herr Girardi die Bühne betritt, hat Fräulein von Schönerer* dieselbe augenblicklich zu verlassen.«

Die Direktorin muss die Bühne verlassen

Während seine Karriere keinen besseren Verlauf hätte nehmen können, entwickelte sich sein Privatleben ganz anders – nämlich zur Katastrophe. Von Millionen geliebt, bewundert, verehrt, erlebte Girardi just auf dem Höhepunkt seiner Popularität die Hölle auf Erden. Schuld an der Tragödie, die im Leben und nicht auf einer Bühne zur Aufführung kam, war die Liebe zu der ebenso berühmten wie schönen Helene Odilon. Die Schauspielerin des Deutschen Volkstheaters galt als verführerischste Frau ihrer Zeit, mit ihrem schmiegsamen Körper und der ihr eigenen sinnlichen Sprechweise betörte sie Wiens Männerwelt. Und »sie hatte den gesunden Appetit eines jungen Raubtieres«, wie ein Chronist sie beschrieb.

Helene Odilon, Schauspielerin, 1863–1939

Ausgerechnet diesem »Raubtier« war Alexander Girardi, der ehemalige Schlosserbub, mit Haut und Haaren verfallen. Am 14. Mai 1893 wurde Hochzeit gefeiert, doch schon

---

* Alexandrine von Schönerer, 1850–1919, war die Schwester des Politikers Georg Ritter von Schönerer.

Das konnte nicht gut gehen: Der ehemalige Schlosser Alexander Girardi war dem »Raubtier« Helene Odilon verfallen.

»Wiens gefähr-
lichste Frau«

nach wenigen Monaten kam, was kommen musste: Treu blieb Helene Odilon selbst als Ehefrau nur ihrem Ruf, »Wiens gefährlichste Frau« zu sein. Und Girardi, der sich auch als Volksliebling sein schlichtes Gemüt bewahrt hatte, wurde krank vor Eifersucht. Zwischen der 27-jährigen Herzensbrecherin und ihrem 43-jährigen Ehemann kam es zu erbitterten Szenen.

Konkreten Anlass für die Tragödie gab Helene Odilons Flirt mit dem Wiener Bankier Albert Baron Rothschild. In den ersten Dezembertagen des Jahres 1893 verließ sie seinetwegen die eheliche Wohnung in der Nibelungengasse, um sich im Hotel Sacher einzuquartieren.

Bald wurde aus der »normalen« Ehekrise eine Affäre, die ganz Österreich in Atem hielt. Denn um ihren Mann »loszuwerden«, ersann die Odilon einen teuflischen Plan, der um ein Haar aufgegangen wäre. Die Schauspielerin ließ den berühmten Psychiater Professor Julius Wagner von Jauregg ins Sacher kommen und beauftragte ihn, den Geisteszustand ihres Ehemannes zu untersuchen. Der spätere Nobelpreisträger setzte sich vorerst mit Girardis Hausarzt Joseph Hoffmann in Verbindung und ging gemeinsam mit ihm zur Wohnung des »Patienten«, den sie dort jedoch nicht antrafen.

Helene Odilons teuflischer Plan

Und dann passierte das Unfassbare: Ohne den Schauspieler je persönlich gesehen geschweige denn untersucht zu haben, stellte Wagner-Jauregg die Diagnose, dass Girardi »vom Cocainwahn befallen, irrsinnig und gemeingefährlich« sei, und beantragte bei der Polizeidirektion dessen Einweisung in die Wiener Irrenanstalt Svetlin. Später rechtfertigte sich Wagner-Jauregg damit, er hätte sich »auf Dr. Hoffmanns Aussagen verlassen«.

Jedenfalls beauftragte Polizeipräsident Franz Ritter von Stejskal mittels Fahndungsbefehl sämtliche Dienststellen, »den Schauspieler Alexander Girardi, wo immer er angetroffen werde, als gemeingefährlich festzunehmen«.

Kurzfristig nahm die Tragödie jetzt komödiantische Züge an: Als der Ambulanzwagen mit zwei Wärtern vor Girardis Haus vorfuhr, trat gerade der Nachbar des Schauspielers – ein hochrangiger Staatsbeamter – auf die Straße. Wie so viele Wiener war auch er mit Strohhut und elegantem Stock à la Girardi gekleidet. Worauf der gute Mann von

Mann mit Girardi-Hut kommt ins Sanatorium

147

den beiden Wärtern in den Krankenwagen gezerrt und ins Privatsanatorium Svetlin eingeliefert wurde.

Girardi, von Freunden rechtzeitig gewarnt, befand sich zu diesem Zeitpunkt bereits auf der Flucht. Er wusste: Die Einzige, die ihm helfen konnte, war seine Kollegin Katharina Schratt – mit der er in Jugendtagen kurzzeitig verlobt gewesen war.

Katharina Schratt, Hof-Schauspielerin, 1853–1940

Die Burgschauspielerin und Vertraute des Kaisers erklärte sich bereit, Franz Joseph ehestmöglich zu informieren, und ließ Girardi, um ihn vor seinen Verfolgern zu schützen, in ihrem Gartenhaus in der Gloriettegasse übernachten. Am nächsten Morgen begrüßte Katharina Schratt den Kaiser mit den Worten: »Majestät, in Ihrem Staat geht es schön zu« und erzählte ihm von der Verfolgung Girardis.

Da der gewissenhafte Monarch den umjubelten Theaterstar nicht einfach »freisprechen« wollte, ordnete er die Einberufung einer ärztlichen Kommission an. »Wenn die konstatiert, dass er gesund ist, lasse ich die polizeiliche Verfügung sofort aufheben«, sagte der Kaiser, »früher nicht«.

Tags darauf wurde Girardi von einem Ärztekonsilium unter dem Vorsitz des Psychiaters Regierungsrat Dr. Hinterstoisser untersucht und für »völlig normal« befunden.

Die Ehe wird 1896 geschieden

Bald war der große Komödiant auch von Helene Odilon »geheilt«, die Ehe wurde am 16. Jänner 1896 geschieden. Girardi heiratete später noch einmal und verbrachte mit seiner zweiten Frau Leonie – der Adoptivtochter des Klavierfabrikanten Ludwig Bösendorfer – zwanzig glückliche Jahre.

Der Girardi-Krimi hatte einen Sturm der Entrüstung ausgelöst. Wie war es möglich, dass ein Mann ohne ärztliche Untersuchung für geisteskrank erklärt werden konnte?

Und wie schützt sich ein Betroffener, der nicht das Glück hat, über einen Draht zum Kaiser zu verfügen?

*Die »Lex Girardi«
schreibt
Justizgeschichte*

Die scharfen Presse-Attacken auf die geltenden »Vorschriften des Irrenwesens« waren von Erfolg gekrönt: Franz Joseph verfügte mittels kaiserlicher Verordnung eine völlige Neuregelung des Entmündigungsverfahrens, die als »Lex Girardi« Justizgeschichte schrieb. Seit damals – und so blieb es bis zum heutigen Tage – ist ein Gerichtsbeschluss samt amtsärztlicher Untersuchung notwendig, ehe eine Person in eine geschlossene Anstalt eingeliefert werden kann. Ein »Fall Girardi« könnte sich in dieser Form nicht wiederholen.

Helene Odilon wurde nach Bekanntwerden des Skandals gemieden, die Verbindung mit Baron Rothschild ging bald in die Brüche. Die ehemals beliebte Schauspielerin verbrachte ihre späten Jahre in Armut, Girardi aber wurde durch die Affäre noch populärer.

Am 15. Februar 1918 erfüllte sich sein lebenslanger Traum, als er in der Rolle des Fortunatus Wurzel in Raimunds *Der Bauer als Millionär* zum ersten Mal auf der Bühne des Burgtheaters stand. Doch er konnte die späte Ehrung nicht lange genießen. Nach wenigen Vorstellungen wurde der schwer zuckerkranke Schauspieler ins Spital eingewiesen, wo ihm das linke Bein amputiert werden musste. Er starb am 20. April 1918.

Felix Salten schrieb in seinem Nachruf: »Es wird ein Wein sein und wir wer'n nimmer sein, 's wird schöne Maderln geben und wir wer'n nimmer leben. Niemand, den wir noch hören können, wird das wieder so singen wie er.«

*»'s wird schöne
Maderln geben und
wir wer'n nimmer
leben«*

149

»Simma lieber gleich bös!«
Alexander Girardi in der Anekdote

◆ In der Girardi-Zeit war es üblich, Theatergagen unmittelbar vor Beginn der jeweiligen Vorstellung auszuzahlen. Girardi war berühmt dafür, dass er mit verschränkten Armen vor dem großen Wandspiegel seiner Künstlergarderobe saß, bis der Kassier den Gagenzettel in den Spiegelrahmen geklemmt und das vertraglich fixierte Spitzenhonorar auf den Schminktisch gelegt hatte. Dann erst durfte der Garderobier eintreten und Girardi für den Auftritt ankleiden.

◆ Als der als knausrig bekannte Girardi einmal von einem Schauspieler gebeten wurde, ihm zehn Gulden zu leihen, sagte er: »Wissen S' was, Herr Kollege, simma lieber gleich bös!«

◆ Kaiser Franz Joseph hatte die Schratt mehrmals gebeten, ihm Alexander Girardi vorzustellen, da er den großen Volksschauspieler persönlich kennenlernen wollte. Eines Tages kam es tatsächlich zum ersten Treffen, das bei Kaffee und Kuchen in der Hietzinger Villa der Schauspielerin stattfand. Der Kaiser erzählte, die Schratt erzählte – nur Girardi sprach kein Wort.

»Was ist denn los mit Ihnen, Girardi?«, wollte Franz Joseph wissen, »Sie sollen doch der amüsanteste Mann von Wien sein!«

Worauf der Liebling des Publikums seufzte: »Schon, schon, Majestät. Aber jausnen Sie einmal mit an Kaiser!«

◆ Girardi wurde wegen Ehrenbeleidigung verurteilt, weil er einen Geschäftsmann namens Kommerzialrat Fränzel beschimpft hatte. Das Gericht forderte den Schauspieler auf, sich persönlich in der Wohnung des Klägers einzufinden und zu entschuldigen.

Der Kommerzialrat bewohnte den ersten Stock eines Wiener Bürgerhauses, in dessen darüberliegender Etage ein Herr Schmidt wohnte, den Girardi flüchtig kannte.

Der Schauspieler erschien zur festgesetzten Stunde an der Wohnungstür des Kommerzialrats, läutete, wurde eingelassen, legte seinen Hut ab und trat vor den Kommerzialrat und die vom Gericht bestellten Zeugen hin. Dann sagte er: »Bin ich hier richtig bei Herrn Schmidt?«

»Nein«, erwiderte Fränzel erstaunt, »der wohnt einen Stock über mir.«

»Dann bitte ich um Entschuldigung«, sagte Girardi, nahm seinen Hut und ging.

◆ Als sich am 20. April 1918 die Meldung von Girardis Tod verbreitete, prophezeiten die Wiener treffsicher: »Der Johann Strauß ist tot, der alte Kaiser ist tot und jetzt is no der Girardi g'storben. Da wird's die Monarchie a nimmer lang geben.«

Sie hat ihn tatsächlich nur um ein halbes Jahr überlebt.

Ein tragischer Jagdunfall
Der Kaiser erschießt den Fürsten Schwarzenberg

Von Kaiser Karl VI. weiß man, dass er der Vater von Maria Theresia war, deren Regentschaft als erste Frau auf dem Thron der Habsburger er durch die »Pragmatische Sanktion« ermöglichte. Und man weiß, dass in seiner Ära die Barockkunst zu ihrer Blüte fand, wodurch Österreich einen kulturellen Höhepunkt erlebte. Es gibt aber eine Begebenheit, die in den meisten Chroniken verschämt unterschlagen wird. Es ist dies die Geschichte vom tragischen Tod des Fürsten Schwarzenberg.

Kaiser Karl VI., 1685–1740

Adam Franz Schwarzenberg war als Oberststallmeister des Kaisers einer der höchsten Hofbeamten, ihm unterstanden die herrschaftlichen Pferdeställe und die Spanische Hofreitschule, die zu leiten ein besonderes Privileg bedeutete. In der Amtszeit des Fürsten wurden von Vater und Sohn Fischer von Erlach die prächtigen Hofstallungen vor dem Wiener Burgtor errichtet.

Schwarzenberg wird als imposante und selbstbewusste Erscheinung mit feurigem Temperament, großem Kunstverstand und Liebe zur Prunkentfaltung beschrieben. Er war lebenslustig, großzügig, kraftvoll – und entsprach somit dem Prototyp eines Barockfürsten.

Fürst Adam Franz Schwarzenberg, 1680–1732

153

Erschoss seinen eigenen Oberststallmeister: Kaiser Karl VI.

Adam Franz Schwarzenberg war 1680 in Linz zur Welt gekommen. Seine Mutter war gegen Ende ihrer Schwangerschaft dorthin geflüchtet, weil in Wien zu dieser Zeit die Pest wütete. Nach dem Tod des Vaters übernahm Adam Franz die riesigen Schwarzenberg'schen Ländereien, Wälder, Schlösser und Paläste in allen Teilen der Monarchie, er musste aber lange um sein reiches Erbe kämpfen, da Teile der Güter immer wieder von anderen Mitgliedern der Familie beansprucht wurden. Doch letztlich konnte er seinen gigantischen Besitz trotz der vielen Rechtsstreitigkeiten halten, ja sogar ausbauen.

Kurios waren seine Verwandtschaftsverhältnisse. Adam Franz Schwarzenberg war seit 1701 mit Eleonore Prinzessin von Lobkowitz verheiratet, einer Tochter des Fürsten Ferdinand von Lobkowitz. Nach fünfjähriger Ehe heiratete Schwarzenbergs Schwiegervater in vierter Ehe seine Schwester, Prinzessin Maria Elisabeth von Schwarzenberg.

154

Dadurch wurde Adam Franz' Schwester zu seiner eigenen Schwiegermutter und sein Schwiegervater zu seinem Schwager.

Wie angesehen Schwarzenberg bei Kaiser Karl war, erkennt man daran, dass der ihn 1711 zum Obersthofmarschall und im darauffolgenden Jahr zum Ritter des Goldenen Vlieses und zum Geheimen Rat ernannte. Diese Stellung und seine Nähe zum Kaiser machten ihn zu einem der mächtigsten Fürsten seiner Zeit.

Einer der mächtigsten Fürsten seiner Zeit

Und doch bat Schwarzenberg nach zehnjähriger Tätigkeit bei Hof überraschend um Enthebung aus all seinen Ämtern – weil die Frau des Kaisers auf einer Reise nach Karlsbad nicht ihn, sondern den Oberstpostmeister Graf Paar als Entourage mitgenommen hatte. Dies empfand der Fürst als Zeichen dafür, in kaiserliche Ungnade gefallen zu sein, weshalb er seine Vertrauensstellung nicht länger halten zu können glaubte. Der Kaiser lehnte die erbetene Entlassung jedoch ab, und so blieb Schwarzenberg weiterhin in den allerhöchsten Diensten. Die ihm allerdings zum Schicksal werden sollten.

Der begeisterte Jäger Adam Franz Schwarzenberg befand sich in der Blüte seiner Jahre, als es am 10. Juni 1732 zur Katastrophe kam. Der Fürst hatte zur Pirsch in seine Besitzungen in Brandeis im Elbtal gebeten, und der Kaiser erwies seinem engen Freund und Berater die Ehre seiner Anwesenheit. Doch dort widerfuhr dem Monarchen ein folgenschweres Missgeschick. Die Teilnehmer hatten sich in dem nur wenige Kilometer von Prag entfernten Revier versammelt und warteten auf die erstbeste Gelegenheit zu schießen. Der Kaiser und sein Oberststallmeister Schwar-

Ein folgenschweres Missgeschick

*Opfer eines tragischen
Jagdunfalls: Adam Franz
Fürst Schwarzenberg*

zenberg standen achtzig Schritt voneinander entfernt, als
sich ihnen ein von den Treibern aufgescheuchter Hirsch
näherte. Karl VI. gab einen Schuss ab, traf aber nicht den
Hirschen, sondern Schwarzenberg.

*Der sterbende
Fürst will
den Kaiser
nicht sehen*

Das Geschoss durchbohrte mehrere innere Organe des
51-jährigen Fürsten, der auf schnellstem Wege auf einem
Bauernwagen ins nahe Schloss gebracht wurde. Ein Priester verabreichte ihm die Sterbesakramente, dann teilte
man dem Schwerverletzten mit, dass ihn der aus Verzweif-
lung über den Unfall zusammengebrochene Kaiser zu besuchen wünschte. Doch der Fürst lehnte ab und ließ seinem

156

Herrn ausrichten: »Es ist meine Schuldigkeit, mein Leben im Dienste Seiner Majestät hinzugeben. Ich falle vor ihm auf die Knie und bitte ihn, dass er sich meiner Frau, meines Kindes, meiner Leute und Untertanen annimmt und dass er sie nicht verlässt. Es ist die Entscheidung des Himmels, dass ich von Seiner Hoheit erschossen wurde.« Dem anwesenden Arzt gab er noch Anweisung, sich nicht um ihn, sondern um den zutiefst erschütterten Kaiser zu kümmern. Dann fügte Schwarzenberg noch hinzu: »Nach meiner Ankunft im Himmel werde ich Gott bitten, dass er dem Kaiser eine lange Regierung und einen Nachfolger gönnt.«

Ein Nachfolger – und zwar ein männlicher, den ihm der Fürst Schwarzenberg am Totenbett gewünscht hatte – war dem Kaiser nicht vergönnt. Seine Tochter Maria Theresia folgte ihm 1740 auf den Thron.

Kein männlicher Nachfolger

»Mir geht's auch so ganz gut«
Karl VI. und Schwarzenberg in der Anekdote

◆ Kaiser Karl VI. war ein überaus talentierter Musiker, was er sowohl als Komponist wie als Dirigent unter Beweis stellte. Als er die Oper *Elisa* seines Hofkompositeurs Johann Joseph Fux aus der Taufe hob, war dieser von der Wiedergabe seines Werks durch den kaiserlichen Maestro so angetan, dass er – das strenge Hofzeremoniell außer Acht lassend – nach der Uraufführung ausrief: »Wie schade, dass Eure Majestät kein Virtuose geworden sind.«

Worauf der Kaiser erwiderte: »Macht nichts. Mir geht's auch so ganz gut!«

◆ Die Wurzeln des sagenhaften Vermögens der Familie Schwarzenberg liegen im 17. Jahrhundert, als der 31-jährige Reichsgraf Georg Ludwig von Schwarzenberg die davor schon fünf Mal verheiratete 81-jährige Anna Neumann von Wasserleonburg ehelichte. Diese hatte es durch den Tod ihrer sämtlichen Ehemänner und durch erfolgreichen Geldverleih in ihrer steirischen Heimat zur reichsten Frau ihrer Zeit gebracht. Als sie 1623 im Alter von 88 Jahren starb, hinterließ sie den Schwarzenbergs gigantische Besitzungen, von denen das alte Geschlecht heute noch zehrt.

◆ Kaiser Franz Josephs erster Ministerpräsident, Felix Fürst zu Schwarzenberg, hatte nach der Revolution des Jahres 1848 einen besonders »scharfen« Polizeipräsidenten namens Weiss von Starkenfels ernannt, der sich als strenger Hüter der Moral gab. Eines Tages meldete er voller Stolz, eine Dame verhaftet zu haben, in deren Wohnung vornehme Herren in den Armen freizügiger Wienerinnen vergnügliche Stunden suchten.

Schwarzenberg bestellte den Polizeipräsidenten zu sich und sagte: »Entweder Sie wussten, dass ich bei dieser Dame verkehre, dann war Ihr Vorgehen taktlos. Oder Sie wussten es nicht – dann sind Sie ein schlechter Polizeipräsident.«

◆ Der Schwarzenbergplatz in Wien ist nach dem Fürsten Karl Philipp zu Schwarzenberg benannt, der in der Schlacht bei Leipzig Napoleon besiegte. Auf diesem Platz befindet sich auch, eingebettet zwischen Hochstrahlbrunnen und Schloss Belvedere, das Palais Schwarzenberg, das seit dem 18. Jahrhundert vom jeweiligen Fürsten bewohnt wurde.

Nach dem Einmarsch der Sowjets im Jahr 1945 wurde der Schwarzenbergplatz vorübergehend zum Stalinplatz. Als der damalige Fürst Josef Schwarzenberg in der Besatzungszeit an einem Abendessen teilnahm, stellte ihm ein Gast die Frage, wo er denn wohnte.

»Ich wohne«, reagierte Schwarzenberg schlagfertig, »auf dem nach mir benannten Stalinplatz!«

»Jetty« erobert den Walzerkönig
Johann Strauß' erste Frau

S ie steht ein wenig im Schatten seiner beiden anderen Frauen: Angelika Strauß, die Ehefrau Nummer zwei, erregte Aufsehen, weil sie dem Walzerkönig mit dem Direktor des Theaters an der Wien durchbrannte. Und Adele, die Nummer drei, schrieb als Witwe von Johann Strauß Musikgeschichte, da sie sich nach seinem Tod als ebenso bedachte wie scharfsinnige Nachlassverwalterin erwies.

Henriette »Jetty« Treffz, Sängerin, erste Ehefrau von Johann Strauß, 1818–1878

Schwerer einzuordnen ist die Nummer eins, Henriette »Jetty« Treffz, die eine beachtliche Karriere als Opernsängerin geschafft hatte, ehe sie den »Strauß-Schani« heiratete. Zuvor hatte Jetty zahlreiche Männerbekanntschaften und nicht weniger als sieben uneheliche Kinder, zwei davon mit dem Bankier und Fabrikbesitzer Moritz Todesco.

Als dessen langjährige Geliebte führte Jetty einen großen Haushalt, sie empfing Industrielle, Kaufleute und prominente Künstler, zu denen auch Johann Strauß zählte. Als sie sich in ihn verliebte, verließ sie Herrn Todesco, um den Komponisten zu heiraten. Damit beginnt ihre tatsächliche Bedeutung, denn die Welt verdankt dem Einfluss und der Hartnäckigkeit der aus der Alservorstadt stammenden Wienerin einige der bedeutendsten Werke der leichten

Muse. Jetty Treffz war es, die Johann Strauß – der bis dahin nur Walzer komponiert hatte – dazu überredete, große Bühnenwerke zu schaffen, und sie war es, die ihm Mut machte, sie zur Aufführung freizugeben. Strauß selbst glaubte nicht an *Die Fledermaus*.

Johann Strauß war 1862, im Jahr, in dem er die Treffz heiratete, 37 Jahre alt, sie war 44. Jetty selbst gab an, gleich alt wie ihr Bräutigam zu sein, woraus sich ergeben würde, dass sie bereits im Alter von 14 Jahren an der Wiener Hofoper aufgetreten wäre.

So war's natürlich nicht. Jetty war in Wien zur Welt gekommen, wobei die Daten ihrer Geburt zwischen 1816 und 1826 schwanken. Stimmen dürfte 1818, womit sie um sieben Jahre älter war als Johann Strauß.

Jettys Großmutter Margareta Schwan stammte aus Mannheim und hatte als Schillers Jugendliebe Berühmtheit erlangt. Als sie jedoch vom Dichterfürsten sitzen gelassen wurde, heiratete »die schöne Schwanin« den Heilbronner Rechtsanwalt Karl Friedrich Treffz. Dessen Tochter zog nach Wien, wo sie den Silberschmied Josef Chalupetzky ehelichte und Jetty zur Welt brachte. Die Ehe der Eltern hielt nicht lange, Jetty strebte nach Höherem, nahm Gesangsunterricht und wählte den großspurigen Künstlernamen »Henriette von Treffz«.

Als solche wurde sie aus ihrem ersten Engagement am Wiener Kärntnertortheater – in dem sie allerdings kein einziges Mal auftrat – nach Dresden geholt, wo sie in großen Wagner-Partien glänzte. Felix Mendelssohn Bartholdy soll Jetty, als sie im Leipziger Gewandhaus seine Werke vortrug, als »beste deutsche Liedsängerin« bezeichnet haben.

Johann Strauß Sohn, »Walzerkönig«, 1825–1899

Auftritt im Buckingham Palace

Über Brünn kehrte Jetty zurück nach Wien, wo sie nun wirklich am Kärntnertortheater sang und ab 1845 im Theater an der Wien als Cherubino und Papagena zum Liebling des Publikums wurde. Der Höhepunkt ihrer Karriere war ein Gastspiel in London, wo sie im Buckingham Palace vor Königin Victoria auftrat.

Im Jahr 1844 begann ihre Affäre mit dem Bankier Moritz von Todesco, dem sie zwei Töchter schenkte, die von ihm anerkannt wurden und von Gerichts wegen den Namen Todesco tragen durften. Todesco war in Wien – wenn auch als Prototyp des Neureichen verschrien – ein populärer Mann, zumal er gemeinsam mit seinen beiden Brüdern Krankenhäuser, Schulen und Kindergärten stiftete. Jetty hatte neben den beiden Todesco-Töchtern Franziska und Louise fünf uneheliche Kinder aus einer oder mehreren früheren Beziehungen, man weiß es nicht genau.

Eine Heirat der gefeierten Sopranistin und des jüdischen Bankiers war ausgeschlossen, da es damals keine Zivilehe gab und er seiner Mutter auf dem Sterbebett versprochen hatte, sich niemals taufen zu lassen, während Henriette ihren christlich-katholischen Glauben nicht aufgeben wollte.

Solch »schlamperte« Verhältnisse

In der Gesellschaft der Wiener Ringstraßenbarone wurden solch »schlamperte« Verhältnisse durchaus toleriert. Jetty schien auf Einladungslisten sogar als »Baronin Todesco« auf, bewohnte aber eine eigene Wohnung in der Kärntner Straße/Ecke Weihburggasse, ganz nahe dem eleganten Palais der Todesco-Brüder, in dem sie bei festlichen Empfängen gekonnt als Hausfrau repräsentierte.

Anfang der 1860er-Jahre trat Johann Strauß im Rahmen einer musikalischen Soiree im Palais Todesco auf. Und traf dort Jetty wieder, die er bereits 15 Jahre davor kennengelernt hatte, ohne dass sich daraus nähere Kontakte ergeben hätten. Jetzt aber schlug die Liebe beidseitig ein, der eingefleischteste Junggeselle der Stadt war sogar bereit, mit Henriette vor den Traualtar zu treten. Jetty Treffz verließ Baron Todesco, der ihr eine großzügige Abfindung in Höhe von 60 000 Gulden* überließ und die alleinige Obsorge seiner beiden Töchter übernahm.

Der eingefleischteste Junggeselle der Stadt

Als Frau Treffz-Strauß, wie sie sich jetzt nannte, kümmerte sie sich kaum um ihre Kinder. Die ersten fünf wurden von dem in Wien lebenden italienischen Realitätenbesitzer Cavaliere Peter di Galvagni adoptiert, der vermutlich der Vater oder einer der Väter war. Auch mit den beiden Todesco-Töchtern hatte Jetty wenig Kontakt, sie lenkte ihre Aufmerksamkeit ganz auf die Pflege und Vermarktung ihres genialen Mannes, den sie in ihrem Testament auch als Universalerben einsetzte.

Der 27. August 1862 wird als »schwarzer Tag im Kalender der Damen von Wien« bezeichnet, da an diesem Sommermorgen Henriette Treffz und Wiens feschester Frackträger im Stephansdom heirateten. Den kirchlichen Gesetzen zufolge durfte die Braut nicht mit Schleier und Myrthenkranz vor den Altar treten, zumal diese Symbole der Unschuld bei sieben unehelichen Kindern nicht ganz passend erschienen.

Der schwarze Tag im Kalender der Damen von Wien

Henriettes Ruhm als Sängerin war zum Zeitpunkt ihrer Heirat längst verblasst, doch sie fand nun als Muse und

---

* Diese Summe entspricht laut »Statistik Austria« im Jahr 2018 einem Betrag von rund 700 000 Euro.

Managerin ihre Bestimmung. Und sie blühte in diesen neuen Tätigkeiten auf. »Schani« oder »Jean«, wie ihn die Wiener nannten, ließ sich einen Bart wachsen, um neben seiner Jetty reifer zu wirken, und bezog mit ihr eine Wohnung in der Praterstraße 18. Dort fand der Rastlose an Henriettes Seite erstmals Ruhe und Geborgenheit. Strauß, der früher pro Abend auf bis zu sechs Bällen dirigiert hatte, überließ die Kapelle nun seinen Brüdern Josef und Eduard und konzentrierte sich voll und ganz aufs Komponieren.

Jetty unterstützte ihn dabei, indem sie alles von ihm fernhielt, das den sensiblen König der Wiener Musik hätte irritieren können. So wurden ihm nur jene Zeitungsausschnitte vorgelegt, in denen er mit Lob bedacht wurde. Das nach außen hin stets freundlich lächelnde Genie neigte tatsächlich zu Schwermut und lebte in panischer Angst vor Gewittern und hohen Bergen. In Gegenwart des bekennenden Hypochonders durfte das Wort »sterben« nicht einmal in den Mund genommen werden.

Nachdem in der Praterstraße sein berühmtester Walzer, *An der schönen blauen Donau*, entstanden war, übersiedelten Henriette und Johann Strauß 1870 in eine standesgemäße Villa in der Hietzinger Maxingstraße* 18, einen Steinwurf vom Schönbrunner Schlosspark entfernt. »Aus der ehemaligen Sängerin, deren Liebschaften viel beratscht wurden, und der Geliebten des Börsenmagnaten«, schreibt Marcel Prawy in seiner Johann-Strauß-Biografie, »wurde genau das, was die ›Fachleute‹ nicht für möglich gehalten hätten: eine perfekte Hausfrau und bemühte Gattin. Sie richtete

---

* Die Maxingstraße hieß damals noch Hetzendorfer Straße.

Ließ sich einen Bart wachsen, um neben seiner Frau reifer zu wirken: Johann Strauß mit Henriette Treffz

die ›Villa Strauß‹ mit erlesenem Geschmack ein – dunkelrot war die führende Farbe – und schuf ihrem Gatten ein behagliches Künstlerheim ... Jetty nahm ihm alle Sorgen des täglichen Lebens ab. Sie war sein Impresario, seine Sekretärin, gelegentlich seine Krankenpflegerin, sie schrieb seine Briefe, sie führte seine Buchhaltung und schirmte ihn von der Welt ab. Henriette Strauß«, meint Prawy, »gebührt ein Stück Unsterblichkeit, sie hat Johann Strauß dazu gebracht, für das Theater zu schreiben.«

»Die Fledermaus« entsteht in 42 Tagen und Nächten

In der Ehe mit der Treffz entstand nicht nur der *Donauwalzer*, sondern auch die Musik zur *Fledermaus*, die das Genie in 42 Tagen und Nächten in der Hietzinger Villa niederschrieb. Jettys Anteil am Zustandekommen seiner populärsten Operette ist gewichtig, war sie es doch, die heimlich Notenblätter vom Pult ihres Mannes stahl und dem Direktor des Theaters an der Wien überreichte. Johann Strauß selbst wollte *Die Fledermaus* nicht aufführen lassen.

Zwar unterhielt der Komponist auch in der Zeit mit Jetty etliche Liebschaften, doch als sie nach 16-jähriger Ehe 1878 völlig überraschend im Alter von sechzig Jahren an den Folgen eines Schlaganfalls starb, war der Musiker zutiefst getroffen.

Heirat sechs Wochen nach Jettys Tod

Strauß floh aus Wien und weigerte sich, an der Beerdigung teilzunehmen. Er, der keine Minute seines Lebens allein sein konnte, führte seine nächste Frau bereits sechs Wochen nach Jettys Tod zum Standesamt: Angelika »Lily« Dittrich war Gesangsstudentin, um 25 Jahre jünger als der Komponist und ging mit Franz Steiner, dem Direktor des Theaters an der Wien, durch. »Jean«, der mittlerweile in

Ehren ergraute – aber schwarz gefärbte – Lockenkopf, verlor nach Lilys Abgang die Nerven und wurde erst wieder durch Ehefrau Nummer drei aus der schlimmsten Krise seines Lebens befreit: Adele Strauß war gleich um 31 Jahre jünger als der Walzerkönig, doch sie erwies sich wie einst Jetty als Segen für sein Lebensglück und den weiteren Werdegang, gab ihm Kraft und verhalf ihm zu neuen künstlerischen Höhen.* Versehen mit der für ihn so wichtigen Portion Selbstvertrauen, entstand in dieser Ehe *Der Zigeunerbaron.*

Adele überlebte ihren Mann um dreißig Jahre.

Strauß in der schlimmsten Krise seines Lebens

---

* Siehe auch Seiten 53–55

Wie blau ist die Donau?
Johann Strauß in der Anekdote

◆ Johann Strauß war kein Wunderkind, doch seine enorme Begabung stand schon früh fest. Als sein Vater einmal am Klavier saß und einen Übergang für eine Komposition suchte, klimperte der kleine »Schani« die fehlenden Töne hinzu. Strauß Vater war perplex und sagte in Erkenntnis des überragenden Talents: »Weißt was, künftig machst du meine Walzer und ich mach deine Schulaufgaben.«

◆ Ein hübsches Mädchen besuchte einen Ball in Dommayers Casino in Hietzing und beobachtete, wie Johann Strauß einen Walzer nach dem anderen dirigierte. Als er Pause machte und den Dirigentenstab an seinen Bruder Josef übergab, trat die junge Frau auf Johann Strauß zu und fragte schüchtern: »Darf ich den Herrn Hofballmusikdirektor um die Ehre bitten, den nächsten Walzer mit mir zu tanzen?«

Strauß schüttelte den Kopf: »Das ist leider nicht möglich!«

»Ich würd's mir aber so sehr wünschen, wo doch heut mein 16. Geburtstag ist.«

Da wurde Strauß rot wie ein kleiner Bub und stotterte: »Aber es geht wirklich nicht, denn ich, äh ... ich kann gar nicht tanzen.«

Tatsächlich: Wiens Walzerkönig, der mit seiner Musik den modernen Tanz erfunden hatte – konnte selbst nicht tanzen!

◆ Als der große Pianist Alfred Grünfeld seinen *Frühlingsstimmen*-Walzer spielte, meinte der für seine Bescheidenheit bekannte Walzerkönig: »Alfred, so schön, wie du ihn spielst, ist er gar nicht.«

◆ Wie Johann Strauß die Noten zuflogen, hat ein Komiteemitglied des Technikerballs hinterlassen. Der Mann trat kurz vor der Eröffnung in einem Restaurant an Johann Strauß Sohn heran, um ihn zu fragen, wie weit die Komposition eines vor Wochen in Auftrag gegebenen Musikstücks gediehen sei. »Ich habe noch keine Note«, gestand Strauß, nahm die Speisekarte zur Hand und ließ innerhalb von dreißig Minuten den heute noch populären *Accelerationen*-Walzer entstehen.

◆ Einige Zeit, nachdem sich Johann Strauß seinen Bart hatte wachsen lassen, wurde dieser zu einem »Kaiserbart« gestutzt, der dem des Monarchen verdächtig ähnelte. Das aber war Kaiser Franz Joseph gar nicht recht. Im Sommer 1862 meldete die Zeitung *Morgenpost*, dass »Allerhöchst Seine Majestät seinen Backenbart abrasiert hat und nur mehr einen Schnurrbart trägt. Wie man erfährt, fiel des Kaisers Bart aus galanter Zärtlichkeit für die Kaiserin. Ihre Majestät ließ nämlich die Bemerkung fallen, dass der Kaiser früher, bevor er den Backenbart getragen, jugendlicher und munterer ausgesehen habe.«

Kaiser und (Walzer-)König hatten der Liebe wegen konträr gehandelt: »Franzl«, weil er seiner Frau zu alt, »Schani«, weil er der seinen zu jung erschien. Nun wurde in allen Teilen der Monarchie heftig debattiert, ob die beiden mit oder ohne Bart fescher wären. Strauß blieb zeitlebens Bartträger, und auch Franz Joseph ließ den seinen bald wieder sprießen. Das also war der Grund für den berühmten »Streit um des Kaisers Bart«.

◆ Der Walzer *An der schönen blauen Donau* mit der Musik von Johann Strauß und dem Text des k. u. k. Oberlandesgerichtsrates Franz von Gernerth war längst Österreichs heimliche Hymne, als man 1935 eine Untersuchung des Donauwassers durchführte. Dabei wurde festgestellt, dass der besungene Fluss bei Wien sechs Tage im Jahr braun, 55 lehmgelb, 38 schmutziggrün, 49 Tage hellgrün, 47 Tage grasgrün, 24 stahlgrün, 109 smaragdgrün, 37 dunkelgrün, aber niemals, an keinem einzigen Tag im Jahr – blau ist.

170

Ohrfeigen für Karl Kraus
Nach Erscheinen der ersten Fackel

Schon die erste Nummer war eine Sensation. Das rote Heftchen, das sich *Die Fackel* nannte, war nach seinem Erscheinen am 1. April 1899 sofort vergriffen und musste mehrmals nachgedruckt werden. »Soweit das Auge reichte, alles – rot«, hinterließ ein Zeitzeuge, »so einen Tag hat Wien noch nicht erlebt. Auf den Straßen, auf der Tramway, im Stadtpark, alle Menschen lesen aus dem roten Heft. Und dieses ganze Heft war von einem einzigen Menschen geschrieben.«

Karl Kraus, dieser einzige Mensch, konnte nicht ahnen, was er sich mit der Neugründung seiner kulturkritischen Zeitschrift angetan hatte. Der erst 25-jährige Journalist, der wie kein anderer Intoleranz, Geistlosigkeit und den Missbrauch des Wortes bekämpfte, wurde selbst heftig angefeindet – einmal sogar gewaltsam.

Schon in den ersten Ausgaben des neuen Blattes unterstellte er den in der Wiener Tagespresse schreibenden »journalistischen Schmarotzern«, sie würden »der Regierung und dem Capitalismus jedwede Schweinerei nachsehen«. Er zog gegen Schnitzler, Hofmannsthal und Hermann Bahr zu Felde und nannte Kulturkritiker »korrupt«,

da sie sich mit Theaterdirektoren verbrüdert hätten. Karl Kraus, der bei Gründung der *Fackel* noch in der elterlichen Wohnung in der Wiener Elisabethstraße lebte, sollte die Auswirkungen seiner Unnachgiebigkeit am eigenen Leib zu spüren bekommen.

In der Nacht vom 10. auf den 11. Mai 1899 wird er im Kaffeehaus überfallen und blutig geschlagen. Wie sich herausstellen sollte, hatten mehrere Theaterkritiker einen gerichtlich entmündigten Stückeschreiber, in dem sich – so Karl Kraus – »Schwachsinn und Körperkraft glücklich gepaart fanden«, zu diesem tätlichen Angriff angestiftet. »Herr Kraus«, meinte einer von ihnen, »wird seine Schreibweise ändern müssen, wenn er Wert darauf legt, das erste Quartal seiner *Fackel* zu überleben.«

Nachdem er es überlebt hatte, gab Kraus in Heft 9 den folgenden Rechenschaftsbericht über das erste Quartal der

Zeitschrift: »Anonyme Schmähbriefe: 236. Anonyme Droh-
briefe: 83. Überfälle: 1.« Und er ging auch – satirisch – auf
die Attacke ein: »Viele haben den Wunsch, mich zu erschla-
gen. Viele den Wunsch, mit mir ein Plauderstündchen zu
verbringen. Gegen jene schützt mich das Gesetz ...« Gegen
die Plauderer (die ihn nicht minder enervierten), wollte er
damit sagen, war er machtlos.

Insgesamt hat Karl Kraus – ohne je seine Angriffslust zu
verlieren – 922 Ausgaben der *Fackel* herausgebracht, deren
letzte vier Monate vor seinem Tod am 12. Juni 1936
erschien.

*Insgesamt gibt es
922 Ausgaben der
»Fackel«*

»Die Schopf bei der Gelegenheit packen«
Karl Kraus in der Anekdote

◆ Karl Kraus verehrte die junge Schauspielerin Elfriede Schopf, die zu seinem großen Leidwesen jedoch mit Adolf Ritter von Sonnenthal, dem großen Helden des Hofburgtheaters, liiert war. Als Kraus die Nachricht von Sonnenthals Tod erhielt, reagierte er mit den Worten: »Jetzt müsste man die Schopf bei der Gelegenheit packen!«

◆ Im Wiener Landesgericht wurde ein Bankier namens Hans von Reitzes wegen betrügerischer Krida zu einer Gefängnisstrafe verurteilt, die er in Österreichs größtem Gefängnis abzusitzen hatte. Kraus glossierte dies in der *Fackel* mit den Worten: »Die Strafanstalt Stein entbehrt nicht eines gewissen Reitzes!«

◆ Karl Kraus prozessierte allen Ernstes gegen eine Zeitung, die einen Beistrich in einem von ihm verfassten Artikel falsch gesetzt hatte. Als das Sprachgewissen der Nation 1936 im Alter von 62 Jahren gestorben war, schickte sich Alfred Polgar an, eine Abendgesellschaft zu ungewöhnlich früher Stunde zu verlassen. Natürlich wurde er von seinem Freund Egon Friedell zur Rede gestellt: »Polgar, was ist, du gehst so zeitlich?«

Polgar erwiderte: »Wie kannst du zeit*lich* sagen?«
»Ach was«, meinte Friedell, »jetzt, wo der Kraus tot ist!«

Also sprach Karl Kraus

* »Der Wiener wird nie untergeh'n, sondern im Gegenteil immer hinaufgehen und sich's richten.«

* »Die Einsamkeit wäre ein idealer Zustand, wenn man sich die Menschen aussuchen könnte, die man meidet.«

* »Nach Ägypten wär's nicht so weit. Aber bis man zum Südbahnhof kommt!«

* »Ich kenne ein Land, wo die Automaten Sonntagsruhe haben und unter der Woche nicht funktionieren.«

* »Die Gedankenfreiheit haben wir. Jetzt brauchen wir nur noch die Gedanken.«

* »Satiren, die der Zensor versteht, werden mit Recht verboten.«

Der Tod des Räuberhauptmanns Grasel
Wie man als Mörder populär wird

Johann Georg Grasel, »Räuberhauptmann«, 1790–1818

In Österreich kann man populär werden als Kammerschauspieler oder -sänger, als Dichter, Maler, Bildhauer, Sportler oder Komponist. Aber auch als Räuberhauptmann. Tatsächlich ist der »Räuberhauptmann« Grasel, gut zweihundert Jahre nachdem er seine Untaten vollbracht hat, immer noch ein in weiten Teilen der Bevölkerung beliebter Mann. Er wird als Touristenattraktion vermarktet, an ihn erinnern Romane, Lieder, Moritaten, Grasel-Tänze, Theaterstücke, und auch ein Gasthaus ist nach ihm benannt.

Der Grund für Grasels posthumes Ansehen ist sein Ruf, der »Robin Hood des Waldviertels« gewesen zu sein, einer, der zwar Raubüberfälle verübt, die Beute aber unter den Armen verteilt hätte. Da hilft es auch nichts, dass diese Überlieferung nachgewiesenermaßen falsch ist. Johann Georg Grasel ist nämlich ein ganz gewöhnlicher Räuber ohne jeden karitativen Hintergrund gewesen.

Kriminelle und gestrauchelte Existenzen

Freilich war die Armut am Beginn des 19. Jahrhunderts in ländlichen Gegenden so groß, dass man damals bis zu einem gewissen Grad Verständnis für kriminelle und gestrauchelte Existenzen hatte. Viele Familien konnten

176

Kein »Robin Hood des Wald- viertels«: der legendäre Räuber- hauptmann Johann Georg Grasel

einfach nur durch Diebstähle, Raubzüge oder als Bettler und Hausierer überleben.

Johann Georg Grasel ist in diesem Milieu aufgewachsen. Geboren in Neu-Serowitz in Südmähren, gehörte er einer Familie von »Abdeckern« an, deren Aufgabe die Beseiti- gung von Tierkadavern war. Die Grasels lebten in Böhmen und im Waldviertel und zählten zu den ärmsten Schichten in der sozialen Hierarchie. Schon Grasels Eltern und sein Großvater saßen immer wieder im Gefängnis. Johann wurde als Kind auf Diebestouren mitgenommen und mit neun Jahren zum ersten Mal verhaftet – weil er einen Sack Mehl gestohlen hatte. Als sein Vater 1806 wieder einmal im Gefängnis saß, unternahm Johann auf Drängen seiner Mutter seinen ersten eigenständigen Einbruch.

Schon die Eltern und der Großvater saßen im Gefängnis

177

*Anziehungskraft
auf Frauen*

Johann Georg Grasel wird als großer, nicht sehr hübscher Bursch mit einer schiefen Nase beschrieben, der dennoch eine Anziehungskraft auf Frauen ausübte und in vielen Dörfern eine »Braut« und jede Menge unehelicher Kinder hatte – was wohl zu seinem seltsamen Ruhm beigetragen hat. Neben Versuchen, seinen Unterhalt auf ehrliche Weise als Abdecker, Bauernknecht und Soldat zu verdienen, beteiligte er sich aber ebenso regelmäßig an Diebstählen, Einbrüchen und Raubüberfällen, bei denen Grasel und seine Komplizen oft mit großer Brutalität vorgingen. Da er mehreren Banden angehörte, denen er meist als Anführer vorstand, gelangte Grasel zu seinem Ruf als berühmt-berüchtigter Räuberhauptmann. Die Ziele der Diebestouren lagen im Waldviertel, im westlichen Weinviertel sowie in Südböhmen und Südmähren. Insgesamt wurden ihm 205 Kriminaltaten nachgewiesen.

*Jahrelang
auf der Flucht*

Durch seine umgängliche Art fand er immer wieder Bauern und vor allem Bäuerinnen, die ihm auf der Flucht Unterschlupf gewährten, sodass Grasel jahrelang dem Zugriff der Polizei entgehen konnte. Bis es zu dem Verbrechen kam, das ihn an den Galgen brachte.

Grasel hatte von dem in Zwettl lebenden Kaspar Pomeisl den Tipp erhalten, dass die in seiner Nachbarschaft wohnende 66-jährige vermögende Anna Maria Schindler in ihrem Haus Bargeld und Wertgegenstände horten würde. Der Räuberhauptmann drang am 18. Mai 1814 gegen 23 Uhr gemeinsam mit seinen Spießgesellen Jakob Fähding, Martin Fuchs und Paul Haidinger in das Haus ein. Da die Frau laut schrie, schlugen die vier Männer mit einer

Eisenstange auf sie ein, verletzten sie mit einem Messer, fesselten sie und zerrten sie in den Keller. Grasel und seine Komplizen erbeuteten 230 Gulden* sowie Kleidungsstücke und Bettwäsche.

Als die Tat am nächsten Morgen entdeckt wurde, war Anna Maria Schindler tot. Zunächst stand ihr geschiedener Ehemann unter Verdacht, doch der hatte ein stichhaltiges Alibi. Nun wurde ihr Nachbar Kaspar Pomeisl von der Gerichtskommission einvernommen, der den Beamten gestand, dem 28-jährigen Johann Georg Grasel den entscheidenden Hinweis gegeben zu haben. Daraufhin setzte die größte bis dahin bekannte Fahndung innerhalb der Monarchie ein, eine achthundert Mann starke Militärstreife nahm die Spur des Räuberhauptmanns und seiner Komplizen auf. Und obwohl Kaiser Franz I. eine Belohnung in der Höhe von 4000 Gulden aussetzte, sollte es noch eineinhalb Jahre dauern, bis die Behörde Grasels habhaft wurde. In der langen Zeitspanne, in der Sondereinheiten von Polizei, Justiz und Militär nach ihm fahndeten, steigerte sich seine Popularität als die eines Rebellen gegen die vielfach verhasste Obrigkeit ins Unermessliche.

Grasel wird immer populärer

Am 18. November 1815 gelang es dem Polizeiinformanten David Mayer in einem Gasthaus in Mörtersdorf bei Horn, Österreichs meistgesuchten Verbrecher zu überwältigen. Grasel gab nach seiner Verhaftung an, dass Anna Maria Schindlers Tod ein Unfall und er während der Tat

Die Festnahme

---

* Diese Summe entspricht laut »Statistik Austria« im Jahr 2018 einem Betrag von rund 3000 Euro.

*Hätte er
eine Schule
besucht ...*

betrunken gewesen sei. Er hätte die Frau unabsichtlich die Kellerstiege hinuntergestoßen. Mit der Anmerkung, dass er einen anderen Weg gegangen wäre, wenn er die Chance gehabt hätte, eine Schule zu besuchen, verschaffte er sich in Teilen der Bevölkerung, von denen das soziale Unrecht angeprangert wurde, neue Sympathien. Um zu unterstreichen, dass er Analphabet sei, setzte Johann Georg Grasel drei Kreuze unter sein Geständnis.

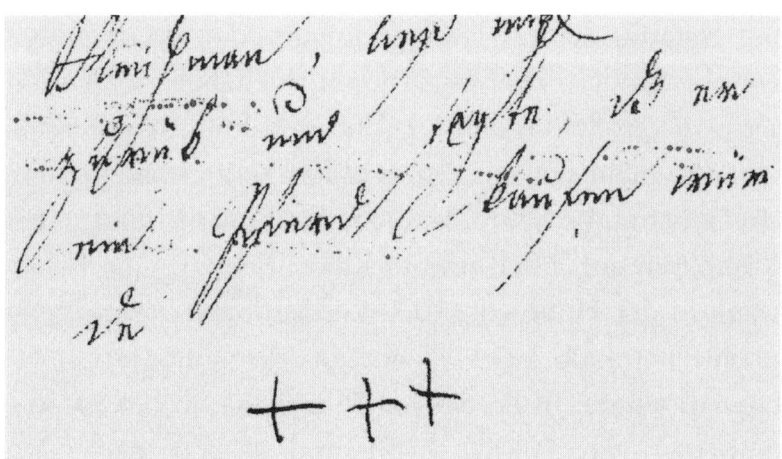

*Johann Georg
Grasels Kreuze
unter dem
Geständnis*

Grasel und zwei seiner Komplizen wurden vom Wiener Kriminalgericht zum Tode verurteilt und am 31. Jänner 1818 auf dem Glacis, etwa dort, wo sich heute die Rossauerkaserne befindet, durch den Strang hingerichtet.

In Mörtersdorf, wo man Grasel gefasst hatte, gibt es heute noch das Gasthaus *Graselwirtin*, das daran erinnert, dass der Spuk in dieser Ortschaft sein Ende genommen hat. In dem Gasthof hält man am Robin-Hood-Mythos fest und veranstaltet gelegentlich eine Gratis-Ausspeisung für bedürftige Familien.

Johann Georg Grasel (Mitte) mit zwei Komplizen am Pranger vor seiner Hinrichtung am 31. Jänner 1818

Im Wiener Kriminalmuseum und im Graselturm des Höbarthmuseums in Horn erinnern heute noch Bilder, Schautafeln und andere Gegenstände an einen der »populärsten« Verbrecher der österreichischen Kriminalgeschichte.

Erinnerungen an den Räuberhauptmann

181

Eine goldene Uhr für den Amtsschreiber
Der Räuberhauptmann in der Anekdote

◆ Johann Georg Grasel nahm im Lauf seines Lebens viele falsche Namen an, unter anderem hieß er auch Georg Frey. Als solcher war er bereits 1812 in Horn verhaftet worden, doch gelang ihm durch Bestechung des dortigen Amtsschreibers mit einer – natürlich gestohlenen – goldenen Taschenuhr die Flucht aus dem Arrest. Danach konnte sich Grasel bei der Familie Eigner im südmährischen Stallek verstecken, mit deren Tochter Rosalia er bei dieser Gelegenheit einen Sohn zeugte. Später fand Grasel Unterschlupf bei der Familie Hamberger in Drosendorf an der Thaya, mit deren Tochter Therese er ebenfalls ein Verhältnis einging.

Seit Aussetzung der Ergreifprämie im Februar 1815 lebte Grasel in der ständigen Angst, festgenommen zu werden. Der letztendlich erfolgreiche Plan, ihn zu verhaften, stammte von dem Drosendorfer Justiziar Franz Schopf. Er überredete die Diebin Therese Penkhart, sich das Vertrauen der ehemaligen Grasel-Geliebten Therese Hamberger zu erschleichen, die gerade in Haft saß. Und Therese Hamberger war es auch, die den entscheidenden Hinweis gab, dass sich Grasel in Mörtersdorf aufhalten könnte. Nun schickte der Wiener Polizeiminister seinen Vertrauten David Mayer in das Dorfwirtshaus von Mörtersdorf. Mayer hatte Opium bei sich, mit dem er den

182

Räuberhauptmann müde machen wollte, doch die Droge zeigte keinerlei Wirkung. Als Mayer daraufhin mehrere anwesende Bauern und Soldaten bat, ihn bei der Festnahme Grasels zu unterstützen, verweigerten diese aus Angst vor dem berüchtigten Räuberhauptmann ihre Hilfe. Schließlich gelang es Mayer ganz allein, Grasel zu überwältigen.

Der berühmte Gefangene wurde zunächst nach Horn gebracht, wo man ihn in schwere Eisenketten legte. Schon am nächsten Tag erfolgte die Überstellung nach Wien, wo sich die Nachricht von seiner Verhaftung in Windeseile verbreitete. David Mayer erhielt die Belohnung in Höhe von 4000 Gulden, die Diebin Therese Penkhart bekam 400 Gulden.

Angesichts der großen Menschenmenge, die sich bei seiner Hinrichtung auf dem Glacis eingefunden hatte, sprach der Räuberhauptmann, schon mit der Schlinge um den Hals, die legendär gewordenen letzten Worte: »Jessas, so vül Leut!«

◆ Wie groß die Popularität des Räuberhauptmanns heute noch ist, zeigt der fiktive Prozess, der am 18. Jänner 2002 gegen Johann Georg Grasel in der Schank der *Graselwirtin* in Mörtersdorf neu aufgerollt wurde. Und zwar nach heutigem Strafrecht: mit einem echten Richter, einem Staatsanwalt und mit Geschworenen. Die Verteidigung des Räuberhauptmannes übernahm der spätere Justizminister und Vizekanzler Wolfgang Brandstetter, der sich seit Jahrzehnten mit den strafrechtlichen Aspekten der Causa Grasel beschäftigt hatte.

Abgesehen davon, dass die Todesstrafe seit Langem abgeschafft ist, gelangte das Gericht auch sonst zu einem ganz anderen Urteil als knapp zweihundert Jahre davor: Grasel kam nach Anwendung des zeitgemäßen Strafrechts mit einer 14-jährigen Haftstrafe davon. Der nunmehrige Verfassungsrichter Wolfgang Brandstetter erinnert sich: »Das Gericht befand, dass Anna Maria Schindlers Tod kein vorsätzlicher Mord war, sondern Raub und Körperverletzung mit Todesfolge.«

Franz Liszt zertrümmert jedes Klavier
Ein Wiener Instrumentenbauer rettet ihn

Franz Liszt war der populärste Pianist seiner Zeit, sein virtuoses Spiel, aber auch seine charismatische Erscheinung begeisterten die Konzertbesucher – vor allem die weiblichen. Doch der gefeierte Musiker hatte ein gewaltiges Problem: Liszt zertrümmerte jedes Klavier, auf dem er spielte, kaum ein Instrument hielt seinem harten Anschlag stand, er überforderte alle Flügel, zumal diese damals noch nicht über eiserne Rahmen verfügten, auf denen die Saiten gespannt sind. Es musste erst ein Wiener Klaviermacher kommen, der einen Ausweg fand.

Der Mann, dem kein Klavier gewachsen war, führte ein außergewöhnliches Leben. Liszt wurde in der damals ungarischen, heute zum Burgenland gehörenden Gemeinde Raiding geboren. Sein Vater erkannte das Genie des Knaben und begann ihm früh Musikunterricht zu erteilen. Adam Liszt, ein Verwaltungsbeamter im Dienste der Familie Esterházy, war selbst musikalisch und spielte in seiner Freizeit als Cellist im Orchester des Fürsten. Franz trat erstmals als Wunderkind in Ödenburg auf, und als er neun war, attestierte der Kritiker der *Städtischen Pressburger Zeitung*, dass der Bub »zu den herrlichsten Erwartungen berechtigt«.

Franz Liszt,
Komponist,
Pianist,
1811–1886

185

Der junge Liszt wurde in seiner pannonischen Heimat von den Zimbalklängen der Zigeuner ebenso beeinflusst wie von der Orgelmusik in der Kirche. Er war tief religiös und spielte als Jugendlicher mit dem Gedanken, Priester zu werden. Als er jedoch erkannte, wie groß seine Wirkung auf Frauen war, entschied er sich gegen ein zölibatäres Leben und hatte zahlreiche Affären, sodass er vorerst auf den Dienst in der Kirche verzichtete.

Adam Liszt gab seine Stelle beim Fürsten Esterházy auf, um sich ganz der musikalischen Ausbildung seines Sohnes zu widmen. Die Familie übersiedelte 1822 nach Wien, wo Franz bei Antonio Salieri Unterricht in Komposition und Harmonielehre erhielt. Bei einem Konzert soll er Beethoven so begeistert haben, dass dieser den Zwölf-jährigen als aufstrebenden Stern am Musikhimmel bezeichnete.

Auftritte in Konzertsälen und Adelshäusern führen Franz Liszt in jungen Jahren nach London, Windsor Castle und Paris. In Frankreich, wo er als »petit Litz«, als wieder-geborener Mozart und als Mädchenschwarm gefeiert wird, beginnt der 16-Jährige eine Beziehung mit der um ein Jahr älteren Comtesse Caroline de Saint-Cricq. Doch ihr Vater ist der französische Innenminister und untersagt die Liai-son wegen des allzu großen Standesunterschieds. Tief ent-täuscht, gibt sich Liszt wieder ganz der Musik hin, trifft Chopin, Paganini, Rossini und Mendelssohn Bartholdy. Er studiert religiöse und philosophische Schriften und knüpft Kontakte zu Victor Hugo, Honoré de Balzac, Alexandre Dumas und anderen intellektuellen Größen sei-ner Zeit.

Es zieht ihn sein ganzes Leben lang zu aristokratischen Frauen hin. So lernt er in Paris die sechs Jahre ältere Gräfin Marie d'Agoult kennen, die zwei Kinder aus einer unglücklichen Ehe hat. Liszt geht mit ihr eine stürmische Liebesbeziehung ein, 1835 wird Marie schwanger, verlässt ihren Ehemann und übersiedelt mit dem geliebten Musikus in die Schweiz. Die Gräfin schenkt Liszt zwei Töchter, Blandine und Cosima – Letztere wird später die Frau Richard Wagners.

Doch Marie leidet, wann immer Liszt auf Konzerttournee ist, schrecklich unter den Trennungen und seinen berüchtigten Frauenaffären. 1839 bringt sie noch den gemeinsamen Sohn Daniel zur Welt, danach endet die Beziehung.

Liszt lebt auf allzu großem Fuß

Als Komponist wie als Virtuose erlebt Liszt jetzt einsame Höhenflüge. Er nützt das anbrechende Eisenbahnzeitalter und rast in bisher ungeahntem Tempo über den Kontinent. Zu seinen Bewunderern zählen der russische Zar Nikolaus I., Preußens König Friedrich Wilhelm IV., Queen Victoria und Kaiser Franz Joseph, der ihn 1859 – als einen der wenigen großen Künstler – zum Ritter und damit in den erblichen Adelsstand erhebt. Liszt feiert triumphale Erfolge und bricht mit Abendgagen von bis zu 20 000 Francs alle Rekorde. Er verdient viel, lebt aber auf so großem Fuß, dass er immer wieder hohe Schulden anhäuft.

Der Verkauf von Fanartikeln

Seine weiblichen Fans fallen reihenweise in Ohnmacht, wenn er am Klavier sitzt, er ist *der* Frauenliebling seiner Zeit, ein Superstar, der allerdings auch mit bösen Kritiken konfrontiert wird. Heinrich Heine prägt den Begriff der »Lisztomanie«, in deren Mittelpunkt der Verkauf von Fanartikeln steht. Da die Damenwelt ganz besonders auf seine

Locken aus ist, schafft sich Liszt einen Hund an, dessen Fell die vermeintliche Haarpracht des Meisters liefert.

Zwei bis drei Flügel pro Konzert

Wo immer Liszt auftritt – ob in Opern-, Theater-, Konzerthäusern oder in adeligen Musiksalons, müssen mehrere Flügel auf die Bühne gestellt werden, zumal der »König der Pianisten« so stark in die Tasten hämmert, dass er pro Konzert zwei bis drei Flügel »verbraucht«. Sobald das erste Instrument versagt und womöglich mehrere Klaviersaiten reißen, spielt er auf einem der Ersatzklaviere weiter. Clara Schumann schreibt nach einer Erkrankung Liszts etwas spöttisch an ihren Mann Robert von einem solchen Auftritt: »Liszt hat im vorletzten Konzert in Wien mit einem Akkord drei Hämmer aus den Kapseln geschlagen und außerdem vier Saiten gesprengt – er muss also wieder gesund sein.«

Die Instrumente dieser Zeit sind durch ihre filigrane Konstruktion für Liszts kraftvolles, lautes Spiel einfach nicht geeignet. Der Wiener Klavierbauer Ignaz Bösendorfer pflegt viele Künstlerfreundschaften, wobei die zum jungen Franz Liszt für den Aufstieg seiner Manufaktur in die erste Liga der Instrumentenhersteller ausschlaggebend ist. Denn Bösendorfer sorgt – unter Beibehaltung des edlen Klangs – für eine derart massive Bauweise seiner Flügel, dass sie die ersten sind, die dem kräftigen Spiel des immer populärer werdenden Virtuosen standhalten.

Meister Liszt und das Haus Bösendorfer

Carl Hutterstrasser, ein langjähriger Freund der Familie Bösendorfer, der die Klavierfabrik später übernehmen sollte, schreibt in seinen Lebenserinnerungen: »Der junge Liszt, der durch seine bis dahin von niemand erreichte Technik und durch die ungeheuren Anforderungen, die er

an das Klavier stellte, Furore machte, benützte bei einem Wiener Konzert Klaviere einer damals auch vorteilhaft bekannten Klavierbaufirma, die aber seiner Kraftentfaltung nicht stand hielten und nach wenigen Nummern unbrauchbar waren. Ärgerlich über die geringe Widerstandsfähigkeit dieser Instrumente versuchte es Liszt über Anraten einiger Freunde mit einem Bösendorfer-Flügel, und – derselbe hielt stand, und war bei Schluss des Konzertes unversehrt. Dieser Fall machte derartiges Aufsehen, dass der Ruf der jungen Firma Bösendorfer im Konzertsaal gemacht war. Seit damals datierte auch die Freundschaft des großen Meisters Liszt mit dem Hause Bösendorfer!«

Liszt, der durch seinen impulsiven Anschlag einen völlig neuen Stil in der Klaviermusik prägte, hatte lange auf seine

Nur ein Klavier hielt seinem Anschlag stand: Franz Liszt an einem Bösendorfer-Flügel vor Kaiser Franz Joseph in Budapest

189

geliebten Érard-Flügel geschworen, doch auch sie brachen oft unter der Wucht und der Vehemenz seines Spiels zusammen.

In Wien gibt es 150 Klaviermacher

Es war damals für einen Virtuosen gar nicht so leicht, den Überblick über die verfügbaren Instrumente zu behalten, weil es allein im biedermeierlichen Wien sage und schreibe 150 selbstständige Klaviermacher gab. Da die Bösendorfer-Klaviere dank ihrer massiven Bauweise das Malträtieren durch Liszt als Einzige »überlebten«, wurden sie über Nacht weltberühmt, sodass bald Bestellungen aus England, Frankreich, Russland, Brasilien, Ägypten und anderen fernen Ländern einlangten. Allein bis 1850 hatte man dreitausend Klaviere erzeugt – und das trotz der gewaltigen Konkurrenz. »Durch die bereits gemachten Fortschritte«, meinte Liszt, »erweitert sich die Aneignungsfähigkeit des Klavieres von Tag zu Tag. Durch die voraussichtlichen Verbesserungen bekommen wir jedenfalls einmal die Mannigfaltigkeit der Klänge, welche uns bis jetzt noch fehlt.«

Richard Wagner liebt Liszts Tochter Cosima

Im Februar 1847 tritt die um sieben Jahre jüngere Fürstin Carolyne Sayn-Wittgenstein als neue Frau in Liszts Leben. Obwohl auch sie verheiratet ist, besiegelt das Paar in einer geheimen Zeremonie ein Eheversprechen. Franz und Carolyne lassen sich in Weimar nieder, wo Liszt die Stelle eines Hofkapellmeisters einnimmt und sich verstärkt der Komposition widmet. In den künstlerisch produktivsten Jahren seines Lebens entstehen Klavierkonzerte, Orchesterwerke, Symphonien, Märsche, Lieder und 15 *Ungarische Rhapsodien*, aber auch die ersten geistlichen Werke wie eine Missa solemnis. Mit Richard Wagner verbindet ihn eine enge Freundschaft, die erst abkühlt, als dieser eine Liaison mit Liszts Tochter Cosima eingeht.

Im Alter von 47 Jahren kommt die große Wende im Leben des längst prominenten Musikers. Liszt übersiedelt nach Rom, empfängt im Kirchenstaat die sogenannten Niederen Weihen, lebt fortan als Abbé weiter, tritt nur noch im schwarzen Gewand eines Geistlichen auf und konzentriert sich ganz auf sakrale Musik – 1867 entsteht anlässlich der Krönung Kaiser Franz Josephs zum König von Ungarn die *Ungarische Krönungsmesse*. Auch die Beziehung mit der Fürstin Sayn-Wittgenstein wird beendet. Als Abbé führt er jetzt ein Leben in Einsamkeit, das die volle Konzentration auf seine künstlerische Arbeit zulässt, wie er es sich immer schon gewünscht hat, wovon er aber stets durch seine Liebesverhältnisse abgehalten wurde.

Der Klavierbauer Ludwig Bösendorfer, 1835–1919, in einer Karikatur von Theodor Zasche

Nach Ignaz Bösendorfers Tod im Jahr 1859 verbindet Liszt eine Freundschaft mit dessen Sohn und Nachfolger Ludwig. Dieser begleitet Liszt auf seinen Tourneen und hat stets die gewünschten Konzertflügel »im Gepäck« – man kann sich vorstellen, wie aufwendig die Organisation derartiger Reisen damals war. Ludwig Bösendorfer fertigt extra für Liszt einen eigenen »Kompositionstisch« an: eine Verbindung von Schreibtisch und Klaviatur, die sich unter der Tischplatte herausschieben lässt. Dieses Objekt ist heute noch im Liszt-Museum in Budapest zu besichtigen.

191

Als Höhepunkt der musikalischen Verbindung des Pianisten mit dem Haus Bösendorfer tritt Liszt am 4. April 1879 im Rahmen eines Festabends, der zu seinen Ehren vom Akademischen Wagner-Verein gegeben wird, im legendären Bösendorfer-Saal in der Wiener Herrengasse auf. Das Verhältnis mit Richard Wagner ist zwar nach wie vor schwierig, Liszt und sein Schwiegersohn haben aber ihren Frieden gefunden.

Im Sommer 1886 reist Franz Liszt trotz schwerer Erkrankung nach Bayreuth, um seine mittlerweile verwitwete Tochter Cosima Wagner zu besuchen. Am 31. Juli stirbt Liszt im Alter von 74 Jahren in Bayreuth an den Folgen einer Lungenentzündung. Cosima, die nun die Bayreuther Festspiele leitet, lässt ihren Vater am Bayreuther Stadtfriedhof begraben, Anton Bruckner begleitet das Requiem an der Orgel.

Franz Liszt komponierte mehr als achthundert Werke, von denen jedoch viele, insbesondere aus seiner Jugendzeit, als verschollen gelten.

Zwölf Zuhörer im Konzerthaus
Franz Liszt in der Anekdote

◆ In jungen Jahren ein Freund des damals noch ziemlich unbekannten Frédéric Chopin, war Liszt sehr darum bemüht, dem genialen Kollegen dabei behilflich zu sein, sich einen Namen zu machen.

So nahm Liszt eines Abends Chopin in eine elegante Gesellschaft mit, in der er selbst gelegentlich – jedes Mal umjubelt – zu spielen pflegte. Als Liszt gebeten wurde, sich an den Flügel zu setzen, äußerte er den Wunsch, in absoluter Dunkelheit zu spielen, um sich besser konzentrieren zu können.

Die Kerzen wurden gelöscht, und es folgte eine lange, glänzende Improvisation, die die erlauchten Besucher vollkommen in ihren Bann zog. Als das Ende gekommen war, gab es ebenso stürmischen wie lang anhaltenden Beifall, und aus den Reihen der Zuhörer drangen die begeisterten Rufe: »So kann nur Liszt spielen!«

Da ließ dieser die Lichter entzünden und rief aus einer ganz anderen Ecke des Saales: »Sie irren, meine Damen und Herren!«

Am Flügel saß ein junger Mann, den bis dahin kaum jemand gekannt hatte. Es war der Abend, an dem der Stern des jungen Frédéric Chopin zu leuchten begann.

◆ Richard Wagner ließ im zweiten Akt der *Meistersinger* ein paar Takte einer Komposition von Liszt einfließen. Was der »Bestohlene« mit den Worten quittierte: »Sehr gut! Auf diese Art wird wenigstens etwas von meiner Musik auf die Nachwelt kommen.«

◆ Liszt gab in einer französischen Provinzstadt ein Konzert, zu dem nur zwölf Zuhörer erschienen. Der Meister spielte wie immer, wandte sich am Ende der Darbietungen dem Publikum zu und sagte: »Meine Damen und Herren, darf ich mir erlauben, Sie jetzt zum Abendessen einzuladen?«

Die Konzertbesucher nahmen die Einladung ausnahmslos an. Das Abendessen kostete Liszt 1200 Francs. Aber am nächsten Abend war der Saal überfüllt.

Der treue Diener Ketterl
Keiner stand dem Kaiser so nahe wie er

Und noch ein Kammerdiener, wie's ihn nur in Österreich geben kann: Eugen Ketterl war seinem Herrn bis zu dessen letztem Atemzug treu ergeben, und der Monarch hatte zu dem allseits bereiten Original, das ihm mehr als zwei Jahrzehnte näher war als irgendjemand anderer, uneingeschränktes Vertrauen.

Ketterl war in kleinen Verhältnissen als eines von vier Kindern in Wien zur Welt gekommen, wo er eine Handelsschule absolviert und schon in Kindheitstagen die kaiserlichen Garden mit ihren wallenden Federbüschen vor der Hofburg bewundert und darum beneidet hatte, tagtäglich den Kaiser sehen zu können. »Dass es mir selbst einst vergönnt sein würde«, schreibt Ketterl in seinen Memoiren, »dem Monarchen viel, viel näher zu sein als diese wundervoll uniformierten Soldaten, hätte ich nie geträumt«.

Wie aber wird man Kammerdiener Seiner Majestät?

Ketterl hatte sich vorerst aufgrund eines Zeitungsinserats um eine Stelle auf dem Gut des Grafen August Bellegarde beworben, wo er es nach einigen Jahren in verschiedenen Tätigkeiten durch Fleiß und Rechtschaffenheit zum

Eugen Ketterl, Kammerdiener Kaiser Franz Josephs, 1859–1928

Mit 33 Jahren am kaiserlichen Hof

Schlossverwalter brachte. Da der Graf als Oberstküchenmeister für das leibliche Wohlergehen des Kaisers zuständig war, fragte er seinen Verwalter eines Tages, ob er nicht in die Tafelkammer an den Wiener Hof wechseln wollte. Das war zwar ein Karriere-Abstieg für einen Gutsverwalter, denn in der Hofburg und in Schönbrunn sollten subalterne Tätigkeiten wie Silberputzen und Speisenauftragen zu seinen Aufgaben gehören. Und doch konnte sich der gerade 33-jährige Eugen Ketterl einem Ruf an den Hof des Kaisers nicht entziehen.

Der Silberputzer und Speisenträger wurde in seiner Arbeit von seinen Vorgesetzten sehr genau beobachtet, sodass nach zwei Jahren plötzlich und unangemeldet ein Hofkontrollor in seiner Privatwohnung erschien und ihn aufforderte: »Ketterl, packen Sie sich sofort zusammen und melden Sie sich in der Allerhöchsten Kammer beim Grafen Paar. Der Wagen steht unten.«

Ketterl wusste nicht recht, wie ihm geschah, und ließ sich wie in Trance in die Hofburg führen, wo ihn zunächst der Generaladjutant und höchste Beamte des Kaisers empfing. Eduard Graf Paar wechselte nur ein paar Worte mit ihm, »und ehe ich mich's versah, wurde ich durch eine Tür geschoben, und vor mir stand – der Kaiser.«

Seit 1894 Franz Josephs persönlicher Kammerdiener

Ketterl glaubte sich später daran zu erinnern, die Worte »Ich lege mich Eurer Majestät zu Füßen« gestammelt und dem Kaiser – was eigentlich streng verboten war – die Hand gereicht zu haben. Der lächelte milde und schüttelte sie herzhaft.

Wir schreiben das Jahr 1894, Franz Joseph war damals 64 Jahre alt, seit 46 Jahren Kaiser, seit vierzig Jahren mit

seiner Sisi verheiratet. Und es war das Jahr fünf nach der
Tragödie von Mayerling.

»Also Sie werden jetzt zu mir kommen«, erklärte Franz
Joseph dem verblüfften Ketterl. »Sie müssen ein bisserl
Geduld mit mir haben, ich bin ein alter Herr. Was sind Sie
für ein Landsmann? ... Wiener. Ah, das freut mich. Haben
Sie beim Militär gedient? ... Damit wir einander kennenlernen, werden Sie mich auf meiner Reise begleiten. Sie müssen nur schauen, dass meine Garderobe in Ordnung
ist ... Auf Wiedersehen!«

*»Dass meine
Garderobe in
Ordnung ist«*

Ketterl fuhr wie auf Wolken wieder nach Hause, erzählte
seiner ebenso fassungslosen Frau, was sich eben zugetragen
hatte, und sagte mehrmals zu sich: »Der Kaiser hat zu mir
gesprochen, der Kaiser hat mir die Hand gereicht, den Kaiser sollte ich jeden Tag sehen, stets um ihn sein dürfen.
Immer und immer wiederholte ich es mir.«

Der »Erste Leibkammerdiener Seiner Majestät« trat am
27. Februar 1894 seinen Dienst an und begleitete seinen
neuen Herrn schon am selben Tag mit dem Zug nach Cap
Martin an der Côte d'Azur, wo sich Kaiserin Elisabeth zur
Erholung aufhielt. In Monaco wurde Ketterl die Ehre
zuteil, dem Kaiser aus seinem privaten Portemonnaie Geld
leihen zu dürfen: Dem unter dem Pseudonym eines Grafen von Hohenembs reisenden Franz Joseph überfiel nämlich im Casino von Monte Carlo die Lust, eine Runde
Roulette zu spielen. »Da der Hofreisekassier gerade nicht
in Sichtweite war und der Kaiser nie Geld bei sich hatte,
borgte er sich von mir zweihundert Franken aus. So wurde
ich, Herr Ketterl, für den Moment der Bankier eines
der mächtigsten und reichsten Herrscher Europas.« Die

*Ketterl borgt
dem Kaiser
200 Francs*

200 Francs waren innerhalb kürzester Zeit verspielt, doch Ketterl wurden sie anderntags vom Hofreisekassier rückerstattet.

»Die Missgunst der höchsten Hofchargen«

Nach dieser ersten Ausfahrt wieder in Wien, begann mit der Überreichung eines Anstellungsdekrets Herrn Ketterls neuer Alltag als Kammerdiener. »Als ich mich alleruntertänigst bei Seiner Majestät bedankte, sagte mir der Kaiser: ›Ich kann Ihnen nur sagen, dass ich mit Ihnen sehr zufrieden bin.‹«

Eugen Ketterl verstand es, die Sympathien seines Herrn zu wecken, auch weil er dem Kaiser »Zeitungen und Artikel brachte, die man ihm streng vorenthielt, und ihm auch viel übermittelte, was er sonst überhaupt nie zu sehen und zu hören bekommen hätte«, was Ketterl allerdings »die Missgunst der hohen und höchsten Hofchargen einbrachte«.

Zu seinen ersten Aufgaben gehörte es, für Ordnung in der bislang desolaten Kleiderkammer des Kaisers zu sorgen. »Bereits auf der Reise nach Cap Martin hatte ich feststellen müssen, dass Seine Majestät absolut nicht so betreut wurde, wie es erforderlich war. Was die Garderobe Seiner Majestät, zunächst Seine Zivilkleidung betraf, so herrschten da geradezu trostlose Zustände. Der frühere Leibkammerdiener Hornung, der sie hätte instand halten sollen«,

»Die Anspruchslosigkeit des Kaisers«

hinterließ uns Ketterl, »war ein achtzigjähriger Greis, der sich um nichts mehr kümmerte und alle fünf grade sein ließ, und schon der Umstand, dass sich der Monarch mit den Leistungen dieses bedächtigen und eigensinnigen alten Mannes zufrieden gab, beweist die Anspruchslosigkeit des Kaisers.«

»Niemals sah ich den Kaiser launisch oder jähzornig«:
Kammerdiener Eugen Ketterl, stets einen Schritt hinter dem Kaiser

Die Motten schlagen zu

Ketterl erklärt anhand eines Beispiels, dass der sonst als trocken und humorlos beschriebene Franz Joseph durchaus über Mutterwitz verfügte: Als der Kaiser nämlich einmal nach einer bestimmten Uniformhose verlangte, begannen sämtliche dienstbaren Geister sofort das geforderte Beinkleid zu suchen, doch das noch in der vom alten Leibkammerdiener Hornung zurückgelassenen Unordnung aufbewahrte Kleidungsstück war unauffindbar. Ketterl fiel nichts anderes ein, als dem Kaiser zu erklären, dass die Hose wohl von den Motten zerfressen worden sein müsse.

»Der Kaiser verzog keine Miene, schüttelte nur den Kopf und sagte nachdenklich: ›Schrecklich, und nicht einmal die Knöpf' haben sie zurückgelassen!‹«

Wie sehr Franz Joseph die Arbeit seines Leibkammerdieners schätzte, entnimmt man einer schriftlichen Anweisung seines Generaladjutanten Paar, in der dieser festhielt, dass beim Anlegen fremdländischer Uniformen »der von Seiner Majestät speziell betraute Kammerdiener Eugen Ketterl – ob er gerade am betreffenden Tage im Allerhöchsten Dienste steht oder nicht – immer beim Anziehen u. dgl. behilflich« zu sein habe.

Frau Schratt mischt sich ein

Dabei war der Kaiser, was das Anlegen von Uniformen betrifft, selbst ein Meister seines Fachs, nur mit dem Tragen der Zivilkleidung hatte er seine liebe Not. »Er, der ganz genau wusste, welche Kappe oder welcher Helm zu jeder seiner unzähligen Uniformen passte, hatte keinerlei Bedenken, zu einem grünen Sakko eine blaue Krawatte zu tragen«, zeigte sich Ketterl erstaunt. Als der Kaiser einmal von Katharina Schratt zur dringend nötigen Erneuerung seiner Privatgarderobe angeregt wurde, sagte Franz Joseph zu ihr:

»Was den Anzug anbelangt, muss ich schon tun, was der Ketterl sagt, der versteht besser als ich, was zusammenpasst.«

Und so beschreibt Eugen Ketterl seinen »Chef«: »Der Kaiser war zu uns allen sehr gütig und von eigenartiger Höflichkeit. Niemals befahl er, immer bat er um eine Dienstleistung und bedankte sich, wenn ihm zum Beispiel ein Glas Wasser gereicht wurde. Seine Majestät hatte sich ungeheuer in der Gewalt. Niemals sah ich den Kaiser launisch oder jähzornig, niemals hörte ich ihn schreien. Er fühlte als ›Kaiser‹ stets Hemmungen und hegte das Bewusstsein, dass ein Sichgehenlassen dem Prinzip des Kaisertums widerspreche. Er zeigte sich immer ruhig und selbstbeherrscht, mochte er in seinem Innern auch noch so erregt sein.«

»Niemals sah ich den Kaiser launisch oder jähzornig«

Franz Joseph konnte es nicht ausstehen, belogen zu werden: »Je offener und aufrichtiger man mit ihm sprach, desto lieber war es ihm, und er konnte nur furchtbar böse werden, wenn er darauf kam, dass man ihm Dinge vertuschte. Dass man ihm unter gar keinen Umständen widersprechen durfte, gehört in das Reich der Fabel. Im Schlafzimmer, wo ich mir manchmal ein freies Wort erlauben durfte, berichtete ich Seiner Majestät oft über den wahren Sachverhalt der Dinge, wie die Stimmung im Publikum sei und was in Wien und in der Bevölkerung vorgehe.«

Gourmet war Franz Joseph keiner. »Der Kaiser hielt nicht viel vom Essen. Weder auf Reisen noch in Wien sprach er jemals aus freien Stücken den Wunsch nach irgendeiner Speise aus. War er hungrig, äußerte er nichts, sondern dachte, das müsse so sein, brachte man ihm aber

»Der Kaiser hielt nicht viel vom Essen«

etwas zu essen, so freute er sich darüber.« Das täglich um punkt fünf Uhr servierte Frühstück bestand aus Kaffee, Butter, Gebäck und, mit Ausnahme der Fasttage, Schinken, in seinen letzten Lebensjahren wechselte der Monarch von Kaffee zu Tee.

Franz Joseph putzt seinen Schreibtisch

An den Vor- und Nachmittagen gab der Kaiser Audienzen, empfing Minister und Mitarbeiter und sorgte zwischendurch persönlich für Sauberkeit an seinem Arbeitsplatz. »Überall mussten auf seinem Schreibtisch hinter dem großen Stehkalender das kleine Bürstchen und der Abstaubwedel liegen, mit welchem er selbst wiederholt während des Tages seinen Schreibtisch von Streusand und Asche reinigte.« Es gehörte zu Ketterls Privatpassion, »dem Kaiser durch die offene Tür zuzusehen, wie er auf seinem Schreibtisch Ordnung machte«.

Das Mittagessen um zwölf bestand aus Suppe, Rindfleisch mit Gemüse oder Beefsteak oder Geflügel, selten gab es eine kleine Vorspeise, immer aber ein Glas Spaten-Bier.

Die Sparsamkeit des Monarchen

»Das Diner um 5 Uhr war reichhaltiger, namentlich wenn Frau v. Schratt daran teilnahm, wählte der Monarch aus der ihm vorgelegten Menükarte sorgfältig ihre Lieblingsspeise aus. Nach dem Diner nahm der Kaiser gewöhnlich bis zum nächsten Tage nichts mehr zu sich. Nur in Ischl, wo das Diner bereits um 3 Uhr serviert wurde, nahm der Kaiser abends noch einen Suppenteller saure Milch mit Schwarzbrot und Butter.«

Ketterl vergisst auch nicht die an Geiz grenzende Sparsamkeit des Monarchen zu erwähnen: Für Notizen verwendete Franz Joseph, um Papier zu sparen, prinzipiell nur die

Rückseite der täglich eingehenden Post, wichtige Mitteilungen an die Regierung kritzelte er auf die sogenannten »Respektsränder« der ihm zugeleiteten Gesuche, die er dann eigenhändig mittels eines Lineals von den Akten trennte und an seine Minister weiterleitete. Die Toiletten in der Hofburg waren dermaßen primitiv, dass Kronprinzessin Stephanie, die Schwiegertochter des Kaisers, auf eigene Kosten zwei Badezimmer installieren ließ.

Eugen Ketterl sorgte, nachdem er das Regiment in der Kleiderkammer übernommen hatte, dafür, dass diese nach und nach durch neue Anzüge und frische Leibwäsche ergänzt beziehungsweise ersetzt wurde. »Eine meiner ersten Sorgen bestand darin, meinen Allerhöchsten Herrn stan-

Eugen Ketterl sorgte dafür, dass der Kaiser mit neuer Garderobe ausgestattet wurde.

desgemäß auszustaffieren. Der alte Frack wurde ›pensioniert‹ und Hofschneider Frank musste einen neuen herstellen. Außerdem veranlasste ich die Anschaffung eines Smokings, eines Reiseanzugs, zweier Sakkoanzüge und eines Salonrockes. Selbstverständlich folgten die zu den einzelnen Anzügen passenden Krawatten, Hüte, ferner schwarzseidene Socken und schöne Zephir- und Battisthemden.«

Ketterl verkauft des Kaisers alte Kleider ...

An des Kaisers neuen Kleidern hatte der dienstbare Geist durchaus auch ein finanzielles Interesse, denn sowohl Ketterl als auch die anderen Angehörigen der »Kammer« hatten das verbriefte Recht, Franz Josephs nicht mehr in Verwendung stehende persönliche Gegenstände als spezielle Rarität öffentlich zum Verkauf anzubieten. Ketterl bestätigte dann schriftlich auf seiner Visitenkarte und mit Siegel versehen, die Echtheit des Objekts als früheres Eigentum »Seiner Majestät des Kaisers« und verschaffte sich solcherart ein schönes Zubrot. Zu den von Ketterl zu barer Münze gemachten Kaiser-Erinnerungsstücken zählten neben abgetragenen Anzügen, Uniformen und Hemden auch »Allerhöchste Unterhosen« sowie Franz Josephs

... und sogar einen Zahn

Barthaare, Rasierpinsel, eine Taschenuhr, Schnupftabakdosen und nicht gerauchte Zigarren, die heute noch in einschlägigen Sammlerkreisen allesamt zu viel gesuchten Memorabilien zählen. Ketterls Argusaugen entgingen keine der möglichen Einnahmequellen: »Einmal riss sich Seine Majestät selbst einen lockeren Zahn aus und warf ihn in den Papierkorb, wo ich ihn fand und aufhob« (und selbstverständlich verkaufte, Anm.).

Während Ketterl für Franz Joseph ausschließlich Worte der Hochachtung und Bewunderung findet, bleibt für Kaiserin Elisabeth wenig Schmeichelhaftes: »Ich muss wohl erklären, dass sie vom Ideal einer Gattin himmelweit entfernt war ... Ist aber der Platz der Frau in Freud und Sorgen stets bei ihrem Mann, ist es nicht nur Aufgabe des Gatten, der Frau die Zeit zu vertreiben, ihren Launen und Schrullen nachzugeben, und ist besonders die Gattin eines Kaisers doppelt und dreifach dazu verpflichtet, ihre persönlichen Interessen, ihre Liebhabereien und Spielereien ganz in den Hintergrund zu schieben, dem kaiserlichen Gatten seine Arbeit zu erleichtern und, wenn nötig, auch Nachsicht mit seinen Schwächen zu haben, dann war Elisabeth eine sehr, sehr schlechte Gattin ... Für einen Herrscher, der seine Aufgabe ernst nehmen musste, war sie vollkommen ungeeignet.«

Die Kaiserin ist »vollkommen ungeeignet«

An jenem 10. September 1898, an dem Kaiserin Elisabeth in Genf ermordet wurde, sollte Ketterl den Kaiser zu Manövern nach Leutschau in Ungarn begleiten. Der Kammerdiener befand sich gerade Koffer packend in der Hofburg, als er den Befehl erhielt, augenblicklich zum Kaiser nach Schönbrunn zu fahren. Franz Joseph selbst empfing Ketterl dort mit den Worten: »Die Kaiserin ist tot!«

Der Kaiser sprach von da an in Ketterls Anwesenheit nie mehr über seine Frau. »Manche wollen diese Merkwürdigkeit damit erklären, dass Franz Joseph an Unabänderlichem nicht einmal in der Erinnerung rütteln wollte; andere meinten, Egoismus und Gefühlskälte seien daran schuld gewesen. Ich meine aber, dass der Kaiser sich seines Gefühls schämte und fürchtete, es könnte als Schwäche gedeutet werden. Es geschah gar oft, dass ich den Monarchen dabei überraschte, wie er mit unsagbar traurigem Blick zur Kaise-

Ein trauriger Blick auf Elisabeths Porträt

rin hinaufsah, die ihn in bestrickender Anmut aus ihrem Bild, das auf einer Staffelei hinter seinem Schreibtisch stand, zu grüßen schien.«

»Der Anfang vom Ende«

Eugen Ketterl war seinem Herrn buchstäblich bis zu dessen letzter Stunde treu ergeben. »Im Jahre 1916 ging es mit der Gesundheit und der Widerstandskraft des Monarchen sichtlich bergab«, schreibt Ketterl. »Als man bei ihm eine Lungenentzündung konstatierte, sagte er nachdenklich: ›Das kann der Anfang vom Ende sein.‹ Er sollte recht behalten.«

Trotz hohen Fiebers arbeitete der 86-jährige Monarch bis zum letzten Tag seines Lebens mit unveränderter Intensität weiter. »Dienstag, am 21. November, erhob sich Seine Majestät nach einer fast ungestörten Nacht zur gewohnten frühen Morgenstunde.« Er empfing an diesem letzten Tag seines Lebens noch mehrere hohe Beamte, seine Tochter Marie Valerie, das Thronfolgerpaar Karl und Zita und den Burgpfarrer. »Noch an seinem Todestage saß der Kaiser, obwohl von Fieberschauern durchschüttelt, am Schreibtisch und legte die Feder nur aus der Hand, um sich – es war die siebente Nachmittagsstunde – aufs Sterbelager zu

»Um ½ 4 Uhr wecken wie gewöhnlich«

strecken.« Ketterl bat den Kaiser, als er sich niedergelegt hatte, um weitere Befehle, worauf Franz Joseph mit seinen berühmten letzten Worten erwiderte: »Ich bin mit meiner Arbeit nicht fertig geworden, morgen um ½ 4 Uhr wecken Sie mich wie gewöhnlich.« Doch der Kaiser verschied um 21.05 Uhr desselben Abends.

Der treue Diener überlebte seinen Herrn um zwölf Jahre, in denen er seine Erinnerungen an die 22 Jahre in der Hofkammer des Kaisers niederschrieb. Er selbst starb 1928 im

Alter von 69 Jahren. Ketterl widersprach dem geflügelten Wort, dass selbst der Größte klein sei vor seinem Kammerdiener, weil da all der Prunk verloren ginge und nichts übrig bliebe als die menschliche Schwäche. »Franz Joseph«, betonte Ketterl, »blieb auch vor seinem Kammerdiener, der ihn auf Schritt und Tritt begleitete, in allen Lebenslagen, in Freud und Leid, Glück, Hass und Empörung gesehen, stets ›der Kaiser‹«. In den Augen des Kammerdieners hätte die Majestät nie die Würde eines Kaisers abgelegt und sei dabei doch bescheiden und menschlich geblieben.

»Bescheiden und menschlich geblieben«

207

»Dann nehmen Sie halt zwei Sessel« Der Kaiser und Ketterl in der Anekdote

◆ Die Montag- und Donnerstagvormittage waren in der Hofburg und in Schönbrunn für Audienzen reserviert. Im Prinzip hatte jeder Staatsbürger mit gutem Leumund die Möglichkeit, Kaiser Franz Joseph persönlich zu sprechen. Entsprechend dicht war das Programm an den Besuchstagen: »Gestern hatte ich 127, heute werde ich 108 Audienzen geben«, schreibt Franz Joseph in einem Brief an Katharina Schratt. Insgesamt empfing der Kaiser in den fast sieben Jahrzehnten seiner Regentschaft rund 250 000 Personen. Seine Hand reichte er nur Ministern, Geheimen Räten und Aristokraten, niemals jedoch bürgerlichen Besuchern. Herren erschienen im Frack, Militärs in Uniform, Damen im hochgeschlossenen Kleid mit Hut. Für Arme und Mittellose gab es keine Toilettevorschriften. Pro Audienz waren bis zu zehn Minuten vorgesehen.

◆ Der von Kaiser Franz Joseph ernannte ungarische Ministerpräsident Alexander Wekerle hatte den Ruf, in den kleinen Dingen des Alltags ein geradezu pathologischer Lügner zu sein. Bei Hof erzählte man sich, dass ihn der Kaiser einmal in Schönbrunn gefragt hätte: »Sagen Sie, Wekerle, regnet es draußen?«

Worauf dieser antwortete: »Ja, Majestät, es regnet stark!«

Da entgegnete Franz Joseph nach einem Blick durch das Fenster: »Sie irren Wekerle, es regnet wirklich!«

◆ Eine beliebte Anekdote besagt, dass der Fürst von Thurn und Taxis bei Kaiser Franz Joseph zur Audienz erschienen sei. Demnach saß der Monarch über seine Akten gebeugt und sah kaum auf, als der Edelmann den Raum betrat. Nach einer Minute räusperte sich der Fürst, um auf sich aufmerksam zu machen. Der Kaiser würdigte ihn nach wie vor keines Blickes und forderte ihn auf: »Nehmen Sie doch einen Sessel.«

Betroffen über die geringe Beachtung, erklärte der Aristokrat laut und deutlich: »Ich bin der Fürst Thurn *und* Taxis!«

»Ja dann«, so der Kaiser, »dann nehmen Sie halt *zwei* Sessel.«

Gewiss eine nette Anekdote, die so aber nicht stimmen kann. Denn bei den Audienzen in der Hofburg ist man nie gesessen. Sowohl der Kaiser als auch seine Besucher unterhielten sich, wie es das Protokoll verlangte, stehend.

◆ So bescheiden sich Franz Joseph gab, zeigt der Aufwand, den er bei der Hofhaltung betrieb, doch den Glanz der kaiserlichen Residenz. Zu seiner persönlichen Verfügung standen neben Ketterl noch ein weiterer Leibkammerdiener sowie zwei Türhüter, vier Büchsenspanner, zwei

Hausdiener und drei Kammerfrauen. Insgesamt waren es mehr als tausend Diener, Köche, Pagen, Stallburschen und Höflinge, die die reibungslose Abwicklung des Hoflebens gewährleisteten. Die Aufrechterhaltung des Haushalts für den Monarchen, die Erzherzöge und sonstigen Mitglieder des Kaiserhauses verschlang am Beginn von Franz Josephs Regierungszeit jährlich 4,2 Millionen Gulden*.

Als der Personalaufwand in den kaiserlichen Residenzen in den 1860er-Jahren jedoch nicht mehr finanzierbar war, verfügte Obersthofmeister Konstantin Fürst Hohenlohe den drastischen Abbau an Dienern und sonstigem Personal. Die wohl kurioseste Maßnahme, um Kosten zu sparen, war die Einführung eines »Heiratsverbots« für Hofdiener, die prinzipiell Anspruch auf Versorgung ihrer Angehörigen hatten. Nachdem die Familien der Bediensteten aus durchschnittlich drei Kindern bestanden, errechnete man sich durch diese Neuregelung eine große Ersparnis.

Das Resultat war dramatisch: Innerhalb eines Jahres nach Verhängung des Heiratsverbots kam es zu einer wahren Flut von Geburten unehelicher Kinder – was den Repräsentanten des katholischen Hofs sehr peinlich war. Das Heiratsverbot für Hofbedienstete wurde 1867 wieder aufgehoben.

---

* Diese Summe entspricht laut »Statistik Austria« im Jahr 2018 einem Betrag von rund 63 Millionen Euro.

◆ In Bad Ischl kreierte Kaiser Franz Josephs Leibkoch jene Süßspeise, die heute noch als »Kaiserschmarrn« zu den beliebtesten des Landes zählt. Die Mehlspeis war entstanden, da Kaiserin Elisabeth in ihren späten Jahren schlechte Zähne hatte. Also trug man dem Küchenchef auf, ein für Sisis Gaumen geeignetes, ebenso schmackhaftes wie flaumiges Dessert zu kreieren. Doch der Erfolg blieb aus, der Kaiserin wollte der aus Eiern, Mehl, Milch, Obers und Zucker gemischte Schmarrn nicht munden.

Etwas später wurde die Süßspeise dem Kaiser serviert, der davon überaus angetan war. Nach Verkostung einer mit Rosinen und Zwetschkenröster angereicherten Portion fragte Franz Joseph den untertänigst herbeigeeilten Leibkoch, wie denn das köstliche Gericht heiße. Und dieser antwortete korrekt: »Kaserschmarrn!«

»Das ist aber sehr nett«, bedankte sich die schon etwas schwerhörige Majestät, »dass Sie diese Mehlspeise nach mir benannt haben.«

Der Koch wagte es nicht, seinem Herrn zu widersprechen. Auch wenn der von ihm erdachte Name nicht Kaiser-, sondern Kaserschmarrn gelautet hatte: Kaser wie Kas, Käse – wie ein in der »Kaserei« hergestelltes Molkereiprodukt eben.

Da der Kaiser jedoch Kaiserschmarrn verstanden hatte, konnte der von ihm mit Befriedigung aufgenommene Ausdruck nicht mehr geändert werden. Und so heißt der Kaserschmarrn heute noch Kaiserschmarrn.

◆ Kaiser Franz Joseph lebte in der Hofburg und in Schönbrunn wie in einem goldenen Käfig – dies war auch einer der Gründe, warum er sich alljährlich so sehr nach seiner Sommerresidenz Bad Ischl sehnte, denn dort war das Leben viel freier und ungezwungener. Dem Journalisten Emanuel »Mendel« Singer gegenüber äußerte sich der Kaiser im Verlauf einer Audienz: »Sie haben's gut, Sie können ins Kaffeehaus gehen!«

◆ Verzweifelt fragte der Leibbarbier einmal den Kaiser während der Rasur, ob er ihm helfen könnte, damit sein Sohn – den er so dringend im Geschäft brauchte – nicht zur kaiserlichen Armee eingezogen würde.

»Da kann i nix tun«, bedauerte Franz Joseph. »Haben S' denn keinen Bekannten, der a Feldwebel is?«

◆ Während der Malerei – wenn auch nicht der modernen – sein ganzes Interesse galt, hatte Kaiser Franz Joseph zur Musik überhaupt keine Beziehung – er war vollkommen unmusikalisch, was er selbst einmal mit den Worten ausdrückte: »Die Kaiserhymne erkenne ich nur daran, dass sich alles von den Sitzen erhebt.«

◆ Kaiser Franz Joseph erhielt täglich Besuch von seinem Leibarzt Josef Kerzl, währenddessen sich die beiden

Herren in angeregter Atmosphäre unterhielten. Meist über ganz harmlose Themen, denn der Kaiser erfreute sich in den 86 Jahren seines Lebens fast immer glänzender Gesundheit. Nebenbei und pro forma fragte der Mediziner im Laufe seiner Visiten nach dem Allerhöchsten Befinden Seiner Majestät. Als Doktor Kerzl eines Vormittags aber wie immer zum Kaiser wollte, wurde er von Kammerdiener Ketterl mit den Worten zurückgehalten: »Majestät bedauern lebhaft, den Herrn Doktor heute nicht empfangen zu können. Majestät fühlen sich nicht ganz wohl und bitten, erst morgen wieder zu ihm zu kommen.«

Der Tod des Schauspielers
Wie Josef Kainz vom nahenden Ende erfuhr

Josef Kainz gilt als größter Schauspieler seiner Zeit, 1858–1910

Anderswo sagt einem der behandelnde Arzt die Wahrheit direkt ins Gesicht. Die Wahrheit, dass es dem Ende zugeht. Hierzulande redet er herum, wiegt seinen Patienten in Hoffnung oder am ehesten: Er verschweigt die Diagnose. Den Theaterleuten jedoch, die ihr Leben lang spielen, kann man nichts vormachen. Und so erfuhr der große Mime Josef Kainz, dass er demnächst sterben würde, ohne dass es der Mediziner gewollt hätte.

Es war das Gesicht des ihn behandelnden Arztes, das Kainz alles verriet. Er, der das Theater am Beginn des 20. Jahrhunderts prägte, lag auf der Lauer, um das Unabwendbare zu erfahren.

Ein unhörbares »Oh Gott!«

Mit dem seismografischen Instinkt des genialen Menschendarstellers wusste Kainz, dass sich in den nächsten Sekunden in der Mimik des Mediziners Entscheidendes abspielen würde. Und tatsächlich! Der Arzt zog für einen Moment die Nase kraus, kniff die Augen zusammen, wie man es bei Eintritt von etwas Schrecklichem tut. Es war ein unhörbares »Oh Gott!«, währenddessen sich der Doktor von seinem berühmten Patienten unbeobachtet glaubte. Der aber hatte den Paravent beiseitegeschoben und sah alles.

Sein Lächeln sagte:
»Zu spät.« Josef
Kainz erfährt, dass
er sterben muss.

215

»Hatte er
Kainz nie auf der
Bühne gesehen?«

»Wie konnte der Arzt nur?«, fragte später der viel jüngere Schauspieler Fritz Kortner. »Hatte er Kainz nie auf der Bühne gesehen, nie das blitzschnelle Reagieren des Hirns verspürt, nie die bloßliegenden, hautlosen Nerven erlebt, das leicht verwundbare Herz?«

Hätte der Arzt die Sensibilität des Mimen erkannt, dann hätte er wohl die Hoffnungslosigkeit in seinem Blick zu unterdrücken versucht. So aber wurde Kainz das nahende Ende bewusst gemacht.

Sollte der große Schauspieler dennoch gehofft haben – und wer hofft nicht in einem solchen Augenblick? –, dann wurde diese Hoffnung am nächsten Morgen zerstört. Denn da erhielt er aus den Händen seines Direktors Baron Alfred Berger das Dekret, mit dem er ihn völlig unerwartet zum Regisseur des k. u. k. Hofburgtheaters ernannte. Jetzt gab es für Kainz keinen Zweifel mehr. Er wusste, dass man ihm diese Berufung, nach der er sich jahrelang vergeblich gesehnt hatte, nur auf dem Totenbett zuerkennen würde. Als Abschiedsgeschenk. Sein Lächeln sagte: Zu spät!

Kainz wird
nur 52 Jahre alt

Die Information, wie der große Kainz von seinem Ende erfuhr, verdanken wir dem Hof-Schauspieler Ferdinand Gregori, der sie an seinen Schüler Fritz Kortner weitergab. Der schrieb sie in seinen Memoiren nieder.

Kainz starb am 20. September 1910, nur 52 Jahre alt, an Darmkrebs.

Der Blick seines Arztes hatte es ihm zuvor schon verraten.

Professur für Kainz-Verträge
Josef Kainz in der Anekdote

◆ Wie kein anderer verstand es Josef Kainz, sein Publikum je nach Stück und Rolle zum Schluchzen oder zum Lachen zu bringen. Als er eines Abends den Cyrano de Bergerac gab und selbst einer seiner Kollegen die Tränen nicht unterdrücken konnte, flüsterte ihm Kainz auf offener Bühne zu: »Du wirst doch nicht auch auf mich hereinfallen!«

◆ Ein anderes Mal meinte er, sich voll der Wirkung bewusst, die er auf das Publikum auszuüben in der Lage war: »Würde ich auf der Bühne auch nur die Zunge herausstrecken, würden mir die Leute applaudieren.«

◆ Kainz galt als schwieriger Künstler. In seinen Vertrag mit dem Burgtheater ließ er nicht weniger als zwanzig Sonderpunkte eintragen, und am Ende der langwierigen Verhandlungen stöhnte der Burgtheaterdirektor Berger erschöpft: »Man sollte an der Universität eine eigene Professur für Kainz-Verträge errichten!«

◆ Als Kainz gefragt wurde, warum er nie Goethes Faust gespielt hätte, antwortete er: »Den Faust kann nur ein wirklich bedeutender Mensch spielen. Und ein wirklich bedeutender Mensch wird nicht Schauspieler.«

◆ Auch Wiens Journaille war über das bevorstehende Ableben des Mimen unterrichtet. In den Tagen vor seinem Hinscheiden hatten sich in der Eingangshalle des Sanatoriums Löw in der Mariannengasse Dutzende Schreiberlinge eingefunden, die förmlich auf den Tod des Angebeteten warteten. Chefredakteur Moriz Benedikt von der *Neuen Freien Presse* hatte dem Reporter Adalbert Felsenburg mit fristloser Entlassung gedroht, sollte ein anderer Journalist die Nachricht von Kainz' Tod früher melden als er.

»Die Früchte erntete eine andere«
Karajans unbedankte zweite Frau

Als ich sie bei einem Abendessen in kleinem Kreis kennenlernte, war sie schon sehr krank und von Altersschwäche gezeichnet. Aber sie konnte immer noch lebhaft erzählen, und es gab keinen Zweifel daran, welche Zeitspanne die wichtigste in ihrem Leben war: Es waren die Jahre von 1940 bis 1958, die sie an der Seite Herbert von Karajans verbracht hatte. Anita von Karajan war die zweite Frau des Jahrhundertdirigenten und der Motor seines Erfolgs, sie erlebte den kometenhaften Aufstieg aus nächster Nähe, sie war es aber auch, die seine Karriere in einer für ihn dramatischen Situation gerettet hat. Und die dann von ihm fallen gelassen wurde. Anita von Karajans Nichte Alexandra Gütermann hat in den letzten Lebensjahren ihrer Tante lange Gespräche mit ihr geführt und nach ihrem Tod im Jahr 2015 in mehreren Kartons ihren Nachlass entdeckt, in dem sich Dokumente, Briefe und persönliche Aufzeichnungen befanden, die auch unbekannte Seiten aus dem Leben des Maestros preisgeben. Und manches erklärte Anita von Karajan ganz anders, als die Geschichtsforschung es sieht.

Anita von Karajan, geb. Gütermann, zweite Frau des Dirigenten, 1917–2015

Die Nichte findet den Nachlass

219

Herbert von Karajan, Dirigent, 1908–1989

Anita Gütermann, wie sie mit Mädchennamen hieß, kam am 2. Oktober 1917 in Köln zur Welt und stammte aus einer bekannten Dynastie von Nähseiden-Industriellen. Als sie Herbert von Karajan im April 1940 in einem Berliner Restaurant kennenlernte, verliebten sie sich Hals über Kopf ineinander. »Da ging die Tür auf«, erzählte sie, »ich saß mit dem Blick zur Tür, er kam herein - dunkles Haar, diese gewisse Blässe nach der Vorstellung - und ich dachte bei mir, wenn dieser schöne Mensch irgendwo in der Nähe sitzt, ist der Abend gerettet. Karajan näherte sich, ging um den Tisch herum ... Dann kam er zu mir, küsste mir die Hand ganz besonders herzlich und sagte: ›Wir werden einander heute Abend wohl nicht vorgestellt.‹ Später hat er mir gesagt: ›In diesem Moment habe ich gewusst, dass ich dich heirate.‹«

Das Problem: Karajan ist verheiratet

Bis es so weit war, gab es allerdings noch ein Problem zu bewältigen: Karajan war verheiratet - und das seit knapp zwei Jahren, und zwar mit der Sopranistin Elmy Holgerloef. Anita hingegen hatte, obwohl erst 22 Jahre jung, ihre erste Ehe, aus der eine Tochter stammte, bereits hinter sich, und sie hatte außerdem noch einen italienischen Verehrer, wie dem Buch, das ihre Nichte nach dem Tod der Tante herausbrachte, zu entnehmen ist[*]. Doch das waren die geringsten Sorgen, ihre Tochter wurde dem Exmann überlassen, und der italienische Verehrer konnte problemlos entsorgt werden.

---

[*] Alexandra Gütermann, *Anita von Karajan, Lebensgeschichte und Liebesbeziehungen einer außergewöhnlichen Frau*, Eigenverlag, Gutach im Breisgau 2017.

Karajan, von seiner neuen Geliebten hingerissen, verschwieg ihr vorerst, dass er verheiratet war. Als Anita davon erfuhr, beendete sie die Beziehung und ging nicht mehr ans Telefon, wenn er anrief. Da meldete sich eines Abends unmittelbar vor Beginn eines Konzerts Karajans Sekretär aus Aachen und rief verzweifelt in den Apparat: »Gnädige Frau, gehen Sie um Gottes willen ans Telefon, das Publikum sitzt da unten und wartet!« Karajan weigerte sich, das Podium zu betreten, bis er Anita am Apparat hatte. Erst als sie abhob und fernmündlich einer Heirat zustimmte, ging Karajan auf die Bühne, um sein Konzert zu dirigieren.

Herbert von Karajan weigert sich, aufzutreten

Nun leitete Karajan die Scheidung von seiner ersten Frau ein, doch bald ergab sich ein neuerliches Problem: Joseph Goebbels, der Propagandaminister des Dritten Reichs – vor dessen schmierigen Avancen keine schöne Frau dieser Zeit sicher war –, hatte ebenfalls ein Auge auf Anita Gütermann geworfen. Und das, obwohl er mit Sicherheit wissen musste, dass sie in der Diktion der Nationalsozialisten »Vierteljüdin« war. Der Maestro ließ sich davon nicht beirren und heiratete Anita im Oktober 1942.

Was die nunmehrige Frau von Karajan über die Jahre der Nazidiktatur berichtete, klingt verharmlosend: »Das war eine grauenhafte Zeit. Irgendwo schwebte man darüber. Ich gehörte nicht zu den Leuten, die in der Vergangenheit und in der Katastrophe lebten, ich habe immer nur zu Herbert gesagt: ›Den Hitler überleben wir!‹ Das war wichtig für mich, ich wollte nur nichts mit diesem Schwein zu tun haben, und der Herbert auch nicht, der wusste nicht

Anita von Karajan über die Nazizeit

18 Jahre an
der Seite des
Ausnahme-
dirigenten: Anita
mit Herbert von
Karajan

einmal den Unterschied zwischen Hitler und Himmler, er
war zu doof mit Politik, das war fabelhaft ... Diese ganze
große Tragödie der Judenvernichtung habe ich nicht reali-
siert. Im Grund genommen hatten wir nicht viel Kontakt
mit Juden. Wir waren eine ganz seltsame Gesellschaft, wie
jeder darauf bedacht, sein Leben zu retten ... Ich habe nicht
»Ich habe
nichts gewusst«
gewusst, dass es Dachau gab, ich habe nichts gewusst. Und
Karajan hat überhaupt nichts gewusst. Das ist wirklich
wahr. Ich wäre ja so auf die Barrikaden gegangen. Ich habe
diese armen Menschen mit ihrem gelben Stern gesehen, ab
und zu ... Aber nicht die große Tragödie. Das gebe ich ehrlich zu, das haben wir nicht gewusst. Das ist merkwürdig
und unverständlich eigentlich.«

Merkwürdig eigentlich ist auch, dass Anita von Karajan
die NSDAP-Mitgliedschaft ihres Mannes nicht ganz kor-

rekt darstellt: »1934, mit 26 Jahren, kam er (als jüngster Generalmusikdirektor Deutschlands, Anm.) nach Aachen«, erzählte sie ihrer Nichte. »Dort wurde ihm gesagt: ›Entweder Sie unterschreiben das jetzt oder wir können Ihnen die Stelle nicht geben.‹ Das war die Sache mit dem Parteibuch, das er ein Jahr darauf natürlich unterschrieben hat. ›Ganz egal, ich unterschreibe alles. Alles, was Sie wollen, ich will nur den Posten haben.‹ So kam das mit der Parteizugehörigkeit. Sonst hätte er die Stelle nicht bekommen. Das waren so die Anfangsgeschichten.«

»Das war die Sache mit dem Parteibuch«

Die so nicht stimmen. Denn Karajan war bereits 1933 in Salzburg der NSDAP beigetreten – zu einem Zeitpunkt, als sie in Österreich verboten war. In Aachen wurde er dann ein zweites Mal Mitglied, womit der erste Beitritt für ungültig erklärt wurde. Der Historiker Oliver Rathkolb widerspricht der Einschätzung, dass Karajan nur aus Karrieregründen Parteimitglied geworden sei, es gab auch antisemitische Äußerungen des Dirigenten – wie die von der »verjudeten Volksoper« in Wien – ausgerechnet aus der Zeit, in der er mit der »nichtarischen« Anita verheiratet war.

Seinen Durchbruch als Dirigent feierte Karajan am 30. September 1938 mit einer Vorstellung von Beethovens *Fidelio* an der Berliner Staatsoper, an der er seine Karriere dann – als Gegenspieler Wilhelm Furtwänglers – glanzvoll fortsetzte. Hitler verlieh Karajan den Titel Staatskapellmeister und nahm ihn in die Liste der »Gottbegnadeten Künstler« auf, die ihm die Einberufung in die Wehrmacht ersparte. 1943 wurde in der Kartei der Reichsmusikkammer vermerkt, dass bezüglich Karajans Einstellung »keine

Die Ehe mit der »Vierteljüdin«

223

nachteiligen Notierungen in politischer Hinsicht« vorliegen würden. Die Ehe mit der »Vierteljüdin« Anita Gütermann stand seiner Karriere jedenfalls nicht im Wege.

Nach dem Krieg als NSDAP-Mitglied belastet, wurde Karajan in Wien von den Alliierten mit einem vorübergehenden Auftrittsverbot belegt. Damit war der Moment gekommen, da ihm die Ehe mit seiner »nichtarischen« Frau zur wichtigen Stütze wurde.

Verzweifelt flehte Karajan am 2. November 1945 in einem Brief aus Salzburg seinen »halbjüdischen« Schwiegervater Paul Gütermann an, ihm in seinem »Entnazifizierungsprozess« beizustehen: »Nun bitte ich Dich, mir zu diesem Zweck (außer den Abstammungspapieren, die ich besitze), irgendwelche Dokumente zu schicken, aus denen hervorgeht, dass infolge der ›nichtarischen‹ Abstammung die Familie und damit auch die Tochter zu Schaden kam, und in dem sie als 25 % geführt wird; es ist besonders wichtig und sehr dringend.«

Anita von Karajan und ihre Familie versuchten nun, den Dirigenten als »Nicht-Nazi« zu verteidigen. Und es gelang, sodass er ab Oktober 1947 wieder dirigieren durfte.

Als besonders dankbar sollte er sich Anita gegenüber nicht erweisen. Denn als Karajan in Saint-Tropez das 18-jährige französische Mannequin Eliette Mouret kennenlernte, ließ er sich von seiner zweiten Frau scheiden, die ihn später als »intolerant, egozentrisch und unbestechlich« bezeichnete. Anita von Karajans Freundin der letzten Jahre, Sylvia Eisenburger-Kunz, sagt im Rückblick: »Sie hatte einen großen Teil zu Karajans Karriere beigetragen, aber die Früchte erntete eine andere.«

Zwar war Karajan noch während seiner Ehe mit Anita 1955 Chef der Berliner Philharmoniker und zwei Jahre später Direktor der Wiener Staatsoper geworden, aber 1958 heiratete er Eliette, die ihm zwei Töchter schenkte. Und die am Höhepunkt seines Ruhms als »Generalmusikdirektor Europas« als Frau von Karajan glänzte. Dennoch blieb der Maestro bis zu seinem Tod 1989 im Alter von 81 Jahren mit seiner zweiten Frau – die nach der Scheidung von ihm nicht wieder heiratete – in gutem Einvernehmen. »Anita hat Karajan sehr vermisst, aber sie haben ihren Frieden gemacht.« Anita von Karajan starb im Februar 2015 im Alter von 97 Jahren in Wien.

»Sie haben ihren Frieden gemacht«

225

»Hier irrte Puccini«
Herbert von Karajan in der Anekdote

◆ Beide galten als exzentrisch, launenhaft und genial. Herbert von Karajan, der bedeutendste Dirigent, und Maria Callas, die berühmteste Sängerin ihrer Zeit. Wie aber sollten sie zusammenkommen? Durch Verhandlungen? Völlig ausgeschlossen, zwei Stars, zwei Alphatiere voller Allüren, würden sich nie im Leben einigen können.

Und doch, das Wunder geschah. Der Staatsoperndirektor holte die »Primadonna assoluta« im Frühjahr 1956 für drei Vorstellungen von Donizettis Schicksalsoper *Lucia di Lammermoor* nach Wien. Die 32-jährige Callas war der Star eines Gastspiels der Mailänder Scala an der Staatsoper. Das Publikum tobte. Karajan hätte, so wurde hinter den Kulissen gemunkelt, »die Tigerin« gezähmt. Nie zuvor wurde die »Wahnsinnsarie« so überzeugend gesungen wie von der Callas in Wien.

Die größte Sopranistin des 20. Jahrhunderts wusste, wem sie den Erfolg zu verdanken hatte. Nach der letzten *Lucia*-Vorstellung am 16. Juni 1956 fiel die griechische Göttin im nicht enden wollenden Schlussapplaus auf die Knie und küsste Karajan auf offener Bühne beide Hände.

Das Opernhaus raste, Presse und Publikum waren derselben Meinung: Sie muss wiederkommen. Da die Callas den Erfolg unbedingt wiederholen wollte, einigte sie sich mit Karajan, im Wiener Festspielsommer 1957 sieben Mal

226

La Traviata zu singen. Abgemacht, mündlich fixiert, als wäre es das einfachste auf der Welt.

Ist es aber nicht. Für den 4. Mai 1957 war die Vertragsunterzeichnung angesagt. Das Management der Callas forderte 2100 Dollar pro Aufführung. Ausgeschlossen, sagte Karajan, sein Gegenangebot lautete 1600 Dollar. Die Callas rief dem Direktor wütend zu: »Dann singen Sie die Violetta doch selbst!« Karajan zerriss den Vertrag vor den Augen der Callas, die wiederum wutschnaubend die Direktionskanzlei verließ und sämtliche Türen mit lautem Knall hinter sich in die Angel warf.

Von den geplanten sieben *Traviata*-Vorstellungen mit der griechischen »Göttin« ist keine einzige zustande gekommen.

◆ Karajan dirigierte 1956 an der Mailänder Scala Puccinis *La Bohème* und verlangte, dass der Tenor Giuseppe di Stefano durch Gianni Raimondi ersetzt würde, weil di Stefano die berühmte Arie *Wie eiskalt ist dies Händchen* in einer der Vorstellungen »mit zu wenig Inbrunst« interpretiert hätte.

Als die Scala-Direktion zu vermitteln versuchte und einwandte, dass di Stefano die Arie genau wie von Puccini vorgeschrieben gesungen hätte, protestierte Karajan mit den Worten: »Hier irrte Puccini!«

◆ Als Karajan im Jänner 1962 in Wien Tschaikowskis *Fünfte Symphonie* leitete, setzte verfrühter Applaus ein. Maestro und Orchester waren so überrascht, dass sie nicht weiterspielten. Als der Jubel verebbt war, wandte sich Karajan dem Publikum zu und sagte: »Entschuldigen Sie einen Moment, aber wir spielen jetzt noch den Schluss.«

Dann erst dirigierte er zu Ende.

◆ Karajan war berühmt dafür, ohne ins Blatt zu schauen, mit geschlossenen Augen zu dirigieren. Eines Tages fragte der Maestro einen Kollegen, warum er Bruckners Achte, die er doch schon so oft aufgeführt hatte, immer noch mithilfe der Partitur und nicht auswendig dirigierte. Worauf der Kollege spitz antwortete: »Ich kann ja Noten lesen!«

◆ Als im Bundeskanzleramt am Wiener Ballhausplatz in den 1960er-Jahren angefragt wurde, warum der Sohn des letzten Kaisers in der Republik offiziell als »Herr Doktor Habsburg« tituliert würde, der berühmte Dirigent und Staatsoperndirektor jedoch als »Herr *von* Karajan«, antwortete der zuständige Beamte sehr österreichisch: »Herbert von Karajan ist der Künstlername des Herrn Karajan.«

◆ Karajans Direktionszeit an der Wiener Staatsoper endete 1964 mit einem Eklat, wegen der andauernd wiederkehrenden Vorwürfe, dass er dem fremdsprachigen Repertoire allzu großen Vorzug gebe. Es hagelte Proteste, da die Originalsprache von vielen Besuchern nicht verstanden wurde. Verdi und Puccini ließ er auf Italienisch, Bizet und Debussy auf Französisch spielen. Als er dann noch Mussorgskis *Boris Godunov* in russischer Sprache aufführte, bemerkte ein Mitglied der Wiener Philharmoniker mit beißendem Spott: »Am Ende kommt's noch so weit, dass er *Die Zauberflöte* auf Deutsch singen lässt.«

◆ Warum er wirklich ging, sollte Karajan erst viel später verraten: »In Wien hat jeder Operndirektor eineinhalb Millionen Mitdirektoren, die ihm alle sagen, wie die Oper geführt werden muss.«

»Meine unbegrenzte Verachtung auszusprechen«
Nestroy unterstützt seinen größten Feind

Johann Nestroy,
Dramatiker,
Schauspieler,
1801–1862

Die zeitgenössische Kritik hat ihn wahrlich nicht geschont. Auch wenn seine Stücke vom Publikum bejubelt wurden – viele Rezensenten verrissen Nestroy in Grund und Boden. Das hatte mehrere Gründe: Der eine war, dass er sich weigerte, den Kunstrichtern für eine gute Besprechung Bestechungsgelder zu zahlen – was damals gang und gäbe war. Der andere war Neid und Eifersucht, da sich viele Kritiker – mit weit geringerem Erfolg – ebenfalls als Theaterschriftsteller versuchten. Dazu kam noch, dass sich Johann Nepomuk Nestroy im Vormärz politisch »nicht korrekt« verhielt (und für manche Pointe sogar ins Gefängnis ging).

Moritz Gottlieb
Saphir, Schrift-
steller, Kritiker,
Satiriker,
1795–1858

Sein schlimmster Gegner unter den Wiener Kritikern war der ob seiner scharfen Formulierungen gefürchtete Moritz Gottlieb Saphir, der in der *Wiener Theaterzeitung* und im *Humorist* ein Forum für seine Bösartigkeiten fand und es zeitweise als seine Aufgabe sah, Nestroy künstlerisch zu zerstören. Nach der Uraufführung der Posse *Lady und Schneider* im Februar 1849 am Carltheater schrieb Saphir, es wäre »an der Zeit gewesen, dass Nestroy bewiesen hätte, er habe Talent, aber nein, er zeigt uns selbst,

230

welch ein schwankendes, schwaches, ausgeblasenes Rohr er ist«.

Nach Erscheinen dieser Zeilen riss dem gequälten Theaterautor die Geduld, und er antwortete seinem Rezensenten in einem offenen Brief: »Herr M. G. Saphir! Ich habe bisher Ihre fortwährend gegen mich gerichteten, teils mit Ihrem, teils mit dem Namen Ihrer Handlanger untersudelten Schmähungen keiner Beachtung gewürdigt; da nun aber mein, auf diese Nichtachtung basierendes, Stillschweigen die Öffentlichkeit leicht auf die Meinung bringen könnte, ich schwiege aus anderen Gründen – etwa, weil ich Sie als Literaten oder als Kritiker, oder gar als Mensch (o Gott!!) oder als irgend sonst etwas respektiere – so sehe ich mich zur Beseitigung solch heilloser Irrtümer genötigt,

Erbitterte Gegner: Johann Nepomuk Nestroy und Moritz Gottlieb Saphir

231

das Stillschweigen aufzugeben und in einfacher, klarer, deutscher Sprache Ihnen für die elende, lächerlich-bärbeißige, niedergrimmige Gehässigkeit, die Sie gegen mich entwickeln, meine unbegrenzte Verachtung auszusprechen.«

»Sicher ist der Herr Saphir da!«

Im Jahr 1850 kam es während einer Vorstellung der Nestroy-Posse *Zwölf Mädchen in Uniform* zu einem handfesten Skandal. Als Nestroy an diesem Abend von Teilen des Publikums ausgebuht wurde, blickte er von der Bühne herab in den Zuschauersaal und extemporierte: »Sicher ist der Herr Saphir da!« Dieser wähnte sich in Gefahr und suchte um Polizeischutz gegen Nestroy an.

Solche »Skandale«, aber auch Saphirs Kritiken und Nestroys wütende Reaktionen wären insofern nicht weiter erwähnenswert, als bedeutende Künstler zu allen Zeiten auf verständnislose oder bösartige Rezensenten stießen und sich über diese begreiflicherweise erregten.

Das Interessante am Kampf zwischen Nestroy und Saphir ist sein mehr als ungewöhnliches Ende: Nestroy wurde, als sich der Kritiker zurückzog, zum Wohltäter des Mannes, der ihn mit blankem Hass verfolgt hatte. In seinen späten Jahren verarmt, wurde Saphir vom wohlhabenden Nestroy durch ansehnliche Geldbeträge unterstützt.

»Dann hätten alle genug zu essen.«

Der Dichter hat dem Mann, der ihn vernichten wollte, das Überleben gesichert.

Er hat damit auch wahr gemacht, was er in seiner Posse *Zu ebener Erde und im ersten Stock* anregte: »Wenn die reichen Leut nit wieder reiche einladeten, sondern arme Leut, dann hätten alle genug zu essen.«

»Sein S' froh, dass Sie kein Schauspieler sind!« Johann Nestroy in der Anekdote

◆ Als Schauspieler wäre Nestroy viel lieber in tragischen Rollen aufgetreten, doch sein Theaterdirektor Karl Carl erkannte in ihm das komödiantische Genie. »Die lustigen Rollen können ma g'stohlen bleiben«, meinte Nestroy, aber Carl vertraute ihm auch im nächsten Stück eine Komikerrolle an. »Na gut«, gab Nestroy nach, »einmal spiel ich ihm noch den Narren. Aber so versoffen, grotesk und übertrieben, dass mich die Leut auspfeifen und ich dann von den depperten Komikerrollen für immer mei Ruh hab.« Es war der Abend, an dem der Komiker Johann Nepomuk Nestroy entdeckt wurde.

◆ Nestroy saß im Wiener Restaurant *Zu den drei Hacken* und nahm sein Frühstück ein. Plötzlich herrschte große Aufregung, da im Gastzimmer eine silberne Gabel fehlte. Ein Wachmann wurde gerufen, der sofort amtshandelte, indem er die Taschen der anwesenden Gäste, darunter viele Künstler, durchsuchte. Die Gabel fand sich im Rock eines Musikers, der dafür bekannt war, die Lieder anderer Komponisten zu plagiieren. Nestroy beobachtete die Szene und sagte zu dem Polizisten: »Herr Inspektor, lassen S' den Ärmsten, der hat sich sicher nur geirrt – er wird's für a Komposition gehalten haben.«

◆ Im persönlichen Umgang galt Nestroy als ruppig, wobei er sich insbesondere Theaterleuten gegenüber unfreundlich verhalten konnte. Als sich ein junger, wenig talentierter Mime bei ihm beklagte, dass die Kollegen ihn sehr von oben herab behandeln und nicht für voll nehmen würden, meinte Nestroy: »Schaun Sie, junger Mann, Schauspieler sind schreckliche Menschen, ein fürchterliches Volk. Sein S' froh, dass Sie keiner sind!«

◆ Johann Nestroy musste, weil er immer wieder gegen die strengen Zensurvorschriften verstieß, mehrmals in den Arrest. Einmal machte er sich auf offener Bühne über die ewig zu klein geratenen Wiener Semmeln lustig. Von der Bäckerinnung verklagt und vom Gericht rechtskräftig verurteilt, ging er deshalb für 48 Stunden in Haft. Bei seinem ersten, von den Wienern umjubelten, Auftritt nach verbüßter Strafe ließ er sich auf offener Bühne von einem Kollegen befragen, wie die Verpflegung im Kerker gewesen sei. Nestroy reimte als Antwort:

Das Hungern, Freunderl, braucht im Arrest net zu sein,
Man warf mir die Semmeln durchs Schlüsselloch rein!

Damit musste sich die Bäckerinnung geschlagen geben.

◆ Die Angst, lebendig begraben zu werden, war zu Nestroys Zeiten oft größer als die Angst vor dem Tod selbst. Nicht ohne Grund, waren doch bis zu drei Prozent der »Toten« zum Zeitpunkt ihrer Bestattung noch am Leben. Nestroy fürchtete sein Leben lang, als Scheintoter ins Grab zu steigen, und vermerkte in seinem Testament: »Die Todtenbeschau heißt so viel wie gar nichts, und die medizinische Wissenschaft ist leider noch in einem Stadium, dass die Doctoren – selbst wenn sie einen umgebracht haben – nicht einmal gewiss wissen, ob er todt ist.«

Also sprach Johann Nestroy

◆ »Kunst ist, wenn man's nicht kann, denn wenn man's kann, ist's keine Kunst.«

◆ »Ich habe nur einen Grundsatz, und das ist der, gar keinen Grundsatz zu haben.«

◆ »Ich hab einen Sesselträger kennt, der hat die dicksten Herren tragen können wie nix, und seine hagere Gattin war ihm unerträglich.«

◆ »Der Mensch ist gut, die Leut' sind ein Gesindel.«

◆ »Es ist oft schwer, die Vaterschaft zu beweisen, wenn nicht Muttermäler vorhanden sind.«

- »Armut ist ohne Zweifel das Schrecklichste. Mir dürft' einer zehn Millionen herlegen und sagen, ich soll arm sein dafür, i nehmet's net.«

- »Die Perücke ist eine falsche Behauptung.«

- »Wenn alle Stricke reißen – häng ich mich auf.«

- »Lang leben will alles, aber alt werden will kein Mensch.«

- »Ich hör schon das Gras wachsen, in welches ich beißen werd.«

Wer war die Tante Jolesch?
Eine Spurensuche

Auch sie ist anderswo undenkbar. Dabei weiß kaum jemand, ob die Tante Jolesch überhaupt gelebt hat. Und wenn ja, wo und wann. Wer war besagte Tante, die durch Friedrich Torberg zur Symbolfigur österreichisch-jüdischen Humors wurde? Ich ging auf Spurensuche.

Gisela Jolesch, geb. Salacz, *1875, Todes-datum unbekannt

Torberg hat uns viele Aussprüche der Tante Jolesch hinterlassen, ohne aber mit genaueren biografischen Angaben dienlich zu sein. So viel steht fest: Sie hat wirklich gelebt, die Tante Jolesch ist keineswegs das Ergebnis dichterischer Freiheit. Friedrich Torberg selbst hat sie zwar nie kennengelernt, er war aber mit ihrem Neffen Franz befreundet, der in den letzten Jahren der Monarchie als »Seiner Majestät schönster Leutnant« galt.

Sicher ist, dass die Tante – Jolesch war der Familienname, ihren Vornamen hat Torberg nie erwähnt – einen Mann hatte. Von ihm wissen wir, dass er auch im fortgeschrittenen Alter noch Wert auf elegante Kleidung legte. Denn als sich der »Onkel Jolesch« einen teuren Mantel schneidern ließ, erklärte seine Frau: »Ein Siebzigjähriger lässt sich keinen Überzieher machen. Und wenn, soll ihn der Franz gleich mitprobieren.«

Es gibt auch einen »Onkel Jolesch«

Ein Großteil der von Torberg erzählten Anekdoten handelt gar nicht von Frau Jolesch selbst, sondern von teils berühmten, teils in Vergessenheit geratenen Zeitgenossen, wie etwa dem Chefredakteur des *Prager Tagblatts*, Karl Tschuppik. Als dieser sich einmal vom Direktor des Deutschen Theaters in Prag nicht gut behandelt fühlte, verfiel er auf einen Racheakt: Zur nächsten Premiere, Lessings *Minna von Barnhelm*, entsandte er den Redaktionsdiener Reisner als Kritiker. Herr Reisner schloss seine Rezension (die so auch in Druck ging) mit dem denkwürdigen Satz: »Solche Stücke sollten öfters geschrieben werden.«

Wer aber war die Tante Jolesch?

Im Wiener Telefonbuch des Jahres 1925 sind drei Teilnehmer mit Namen Jolesch verzeichnet. Einer dieser Anschlüsse sollte mich zu ihrer Familie führen.

*Auszug aus
dem Amtlichen
Wiener Telefonbuch, Jahrgang
1925*

Gefühlsmäßig löste bei mir die letzte Eintragung – »Jolesch Julius, Gen. Dir. d. Textilwerke Mautner A. G.« den stärksten »Verdacht« aus. Wo aber ansetzen bei den weiteren Recherchen, zumal sich heute im Melderegister der Stadt Wien kein einziger Teilnehmer namens Jolesch mehr findet?

Ein Gespräch mit Judith Pór-Kalbeck sollte mich um ein gutes Stück weiterbringen. Sie war die Witwe des bekannten Schriftstellers Florian Kalbeck, der mütterlicherseits aus der Wiener Industriellenfamilie Mautner stammte.

»Ja«, sagte Frau Pór-Kalbeck spontan, »mein Mann hat in den 1970er-Jahren des Öfteren von der Tante Jolesch gesprochen – damals, als sie durch Friedrich Torbergs Buch berühmt geworden ist. Und er hat mir erzählt, dass sie die Frau vom Generaldirektor in der Textilfabrik seines Großvaters Isidor Mautner war.«

Volltreffer. Wir sind der Tante Jolesch also schon sehr nahegekommen!

Der Fabrikant Mautner galt selbst als großes Original, und von ihm sind etliche Aussprüche in Umlauf, die durchaus in Torbergs Anekdotensammlung hätten Eingang finden können. Als man Isidor Mautner einmal, um ein Beispiel zu nennen, als »Herr Generaldirektor« ansprach, erwiderte er lächelnd: »Ich bin kein Generaldirektor – ich halte mir welche.«

Und der Generaldirektor, den er sich für seine Wiener Niederlassung »hielt«, war eben Julius Jolesch, der Ehemann der von uns gesuchten Dame.

Damit wären wir einen großen Schritt weitergekommen, noch aber kennen wir weder Vornamen noch Herkunft unserer Hauptperson – der Tante Jolesch eben.

Das Matrikelamt der Israelitischen Kultusgemeinde in der Wiener Seitenstettengasse war die nächste Station mei-

»Mein Mann hat von der Tante Jolesch gesprochen«

Des Rätsels Lösung findet sich im Trauungsbuch

ner Nachforschungen. Und hier, genau genommen im dort aufliegenden Trauungsbuch, sollte sich das Rätsel vollends lösen.

Sie ist die Tante Jolesch!

Findet sich doch am 25. Dezember 1893 eine Eintragung bezüglich der Hochzeit des Fabrikdirektors Julius Jolesch, geboren in Iglau am 18. Februar 1862. Und jetzt kommt's: Seine Braut hieß Gisela Salacz, geboren im ungarischen Städtchen Großwardein am 4. Dezember 1875, wohnhaft bis zu ihrer Eheschließung in Wien IX., Stroheckgasse 2.

Sie ist die Tante Jolesch!

Gisela Jolesch wurde zum Zeitpunkt ihrer Heirat natürlich noch lange nicht Tante gerufen – war sie doch damals gerade erst 18 Jahre alt und damit um 13 Jahre jünger als ihr Mann. Giselas Vater war der in Budapest ordinierende praktische Arzt Dr. Siegmund Salacz, ihre Mutter hieß Fanni und war eine geborene Schwarz. Als Trauzeugen des Ehepaares Julius und Gisela Jolesch sind im Heiratsbuch der Rechtsanwalt Dr. Eugen Weinberger aus Budapest und der Wiener Arzt Dr. David Podzabradsky eingetragen.

Somit ist uns jetzt, mehr als vierzig Jahre nach Erscheinen des nach ihr benannten Buches, die Identität der Tante Jolesch bekannt.

Wie aber hat die Tante Jolesch ausgesehen?

»Schön war sie nicht«

In ihrem Gesicht drückten sich »Güte, Wärme und Klugheit aus«, hinterließ uns Torberg, »aber schön war sie nicht«. Wir wissen, dass der Autor, ehe sein Kultbuch 1975 erstmals in Druck ging, dem LangenMüller Verlag ein Foto der Tante Jolesch vorlegte. Doch dem Lektor gefiel das Bild

nicht, weshalb eine Zeichnung in Auftrag gegeben und auf dem Umschlag platziert wurde, die aber keinerlei Ähnlichkeit mit der Originaltante aufwies.

Als einige Jahre später bei *Donauland* eine Lizenzausgabe des inzwischen zum Bestseller avancierten Buches erschien, tauchte das Foto der Tante Jolesch neuerlich auf – und gelangte diesmal tatsächlich aufs Cover. Ob es sich hier um die echte Tante handelte, ist heute nicht mehr nachzuweisen – aber sehr wahrscheinlich.

Selbst als es dann von ihr Abschied zu nehmen galt, hinterließ uns Frau Gisela Jolesch einen bemerkenswerten Satz. Ihre Nichte Louise fragte sie an ihrem Totenbett: »Tante – ins Grab kannst du das Rezept nicht mitnehmen.

Die vermutlich echte Gisela Jolesch, im Vordergrund sitzend, im Kreise ihrer Familie

241

*Die Geschichte
von den
Krautfleckerln*

Willst du uns nicht endlich sagen, wieso deine Krautfleckerln immer so gut waren?«

»Weil ich nie genug gemacht hab«, sprach die Tante, lächelte und verschied.

Torberg schrieb, dass die Tante Jolesch 1932 gestorben sei, »friedlich und schmerzlos, von der Familie umsorgt, zu Hause und im Bett, wie damals noch gestorben wurde (und wie es bald darauf so manchem ihrer Angehörigen nicht mehr vergönnt war)«.

Doch das stimmt so nicht. Gisela Jolesch übersiedelte laut Meldezettel der Gemeinde Wien am 19. Mai 1938 nach Prag, wo sich ihre Spur verliert. Zu den Opfern des Holocaust zählte sie laut Dokumentationsarchiv des österreichischen Widerstandes nicht.

*Solche Bücher
sollten öfters
geschrieben
werden*

Was Torbergs Anekdotenklassiker betrifft, kann man sich nur dem Urteil des Redaktionsdieners Reisner vom *Prager Tagblatt* anschließen: »Solche Bücher sollten öfters geschrieben werden.«

»Die sind schon dort geboren«
Die Tante Jolesch in der Anekdote

◆ Eine Schwiegermutter legte ihrem Schwiegersohn am Weihnachtsabend zwei ausgesucht schöne Krawatten unter'n Christbaum. Als das junge Ehepaar am folgenden Abend zu ihr kam, verstand es sich für den Schwiegersohn von selbst, die eine der beiden Krawatten anzulegen. Schon in der Türe fasste ihn die Schenkerin missbilligend ins Auge: »Ach?«, machte sie. »Die andere hat dir nicht gefallen?«

◆ Eines der Originale, denen in der *Tante Jolesch* ein Denkmal gesetzt wird, ist der Wiener Rechtsanwalt Hugo Sperber, der für seine Kanzlei den Werbeslogan »Räuber, Mörder, Kindsverderber, gehen nur zum Doktor Sperber« verwenden wollte, darauf aber der strengen Standesregeln wegen verzichten musste. Sperber verteidigte einmal einen Kriminellen, der sowohl bei Tag als auch bei Nacht einbrechen ging. Der Staatsanwalt legte dem Angeklagten im ersten Fall die Frechheit zur Last, mit der er sein verbrecherisches Handwerk sogar bei Tageslicht ausübte, im zweiten Fall die besondere Tücke, mit der er sich das Dunkel der Nacht zunutze machte.

An dieser Stelle erdröhnte der Gerichtssaal von Dr. Sperbers Zwischenruf: »Herr Staatsanwalt, wann soll mein Klient eigentlich einbrechen?«

◆ Auch aus den Jahren seiner Flucht vor den National-sozialisten überliefert Torberg Anekdotisches. Etwa aus Paris, wo sich das weitverbreitete Gerücht hielt, »dass die Kaffeehäuser, in denen sich die deutschen Emigranten trafen, große Tafeln mit der Aufschrift ›On parle français‹ anzubringen planten.«

◆ Friedrich Torberg erinnert sich in der *Tante Jolesch* an einen Spaziergang in New York: Als er mit dem Dichter Franz Molnár den Central Park entlangging und sie in ein Verkehrschaos gerieten, schlug Torberg vor, auf die andere Straßenseite zu wechseln, die weniger frequentiert war.

Molnár wehrte ab: »Hinübergehen? Mitten durch die Autos? So etwas macht kein vernünftiger Mensch.«

»Aber Sie sehen doch auch drüben Leute gehen, Herr Molnár. Wie sind denn die hinübergekommen?«

»Die sind schon dort geboren«, entschied Molnár.

◆ In ihren späteren Jahren wurde der Tante Jolesch aus dem Familienkreis die Frage gestellt: »Stell dir vor, Tante, du sitzt in einem Gasthaus und weißt, dass du nur noch eine halbe Stunde zu leben hast. Was bestellst du?«

»Etwas Fertiges«, erklärte die Tante prompt.

Also sprach die Tante Jolesch

♦ »Was a Mann schöner is wie ein Aff, is ein Luxus«.

♦ »Alle Städte sind gleich, nur Venedig is e bissele anders.«

♦ »Was andere Mädchen Verhältnisse haben, geh ich in Vorträge.«

♦ »Abreisen sind immer überstürzt.«

♦ »Was setzt du dich hin Karten spielen mit Leuten, was sich hinsetzen Karten spielen mit dir?«

♦ »Für platonische Liebe bin ich impotent.«

♦ »Was kann schon aus einem Tag werden, der damit beginnt, dass man aufstehen muss?«

♦ »Gott soll einen hüten vor allem, was noch ein Glück ist.«

»Und was bin ich geworden? Ein Schnorrer!«
Das Kaffeehaus und seine Literaten

Lebenskünstler, Originale, Bohemiens

Kaffeehäuser gibt's auf der ganzen Welt, doch das Wiener Kaffeehaus hat eine Sonderstellung. Diese verdankt es einem guten Dutzend Literaten, die in mehreren Kaffeehäusern ihr zweites Wohnzimmer etablierten. Das lag nicht nur daran, dass die Lebenskünstler, Originale und Bohemiens den intellektuellen Austausch mit Freunden und Kollegen suchten, sondern hatte auch den profanen Grund, dass viele von ihnen die im Winter angenehm temperierten Räumlichkeiten ihren kalten Wohnungen vorzogen. Ihre meist gemieteten Zimmer ganztags zu heizen, konnten sich viele von ihnen nicht leisten.

Das Café Griensteidl

Es sind vor allem vier Wiener Kaffeehäuser, die von den Poeten bevorzugt wurden. Das 1847 vom Apotheker Heinrich Griensteidl gegründete Café am Michaelerplatz war das erste. Es erfreute sich bald großer Beliebtheit, weil es mit seinem Eingang vis-à-vis der Hofburg eine der prominentesten Adressen der Stadt hatte: Wenn Kaiser Franz Joseph aus den Fenstern seines Appartements blickte, sah er direkt auf das Griensteidl. Zur Legende wurde das Griensteidl infolge seiner prominenten Gäste von Franz Grillparzer über Arthur Schnitzler, Hermann Bahr, Theodor Herzl bis Karl Kraus. Das Griensteidl war somit in seiner Blütezeit *das* Wiener Literatencafé.

Die Schriftsteller saßen nicht im Kaffeehaus – wie oft fälschlich angenommen wird –, um dort ihre Romane, Theaterstücke oder Feuilletons zu schreiben. Das hätten der Lärm und das bunte Treiben an den runden Marmortischen nicht zugelassen. Dichter brauchen Ruhe, um sich auf ihre Arbeit zu konzentrieren, daher schrieben sie auch bei unwirtlichen Temperaturen lieber zu Hause.

Dichter schreiben lieber zu Hause

Im Kaffeehaus holten sie sich die Inspiration, und wenn ein zündender Gedanke kam, notierten sie ihn sogleich mit ein paar Stichworten, weshalb den Gästen im Griensteidl auf Wunsch jederzeit Papier und Bleistift gereicht wurden. Außerdem war es das einzige Café, in dem neben den Tageszeitungen alle Bände des *Großen Brockhaus* auflagen.

Niemand ahnte, dass der Zahlkellner des Griensteidl ein Spitzel des Metternich'schen Überwachungssystems war, der den Behörden jeden Gast meldete, der sich etwa durch den Konsum ausländischer Zeitungen »verdächtig« machte. Als Herr Griensteidl dem Kellner Georg auf die Schliche kam, wurde er entlassen.

Die Dichter der Gruppe *Jung Wien*, wie sich Schnitzler & Co nannten, kamen ab den 1880er-Jahren ins Griensteidl, doch blieb ihnen nur wenig Zeit, das Kaffeehaus als verlängertes Wohnzimmer zu beleben. Denn schon 1897 schloss das Café mit dem Abriss des Palais Dietrichstein seine Pforten. Für immer, wie man dachte, da sich im neu gebauten Palais Herberstein kein Platz mehr für eine ähnlich gelagerte Lokalität befand.

Schnitzler & Co als Stammgäste

Niemand ahnte, dass der Zahl- kellner Georg ein Spitzel des Metter- nich'schen Systems war: das Literaten- café Griensteidl in seiner Blütezeit

Karl Kraus nahm das Zusperren des Griensteidl zum Anlass, mit dem Essay *Die demolirte Literatur* zum Rund- umschlag gegen Wiens literarische Szene auszuholen. Wäh- rend seine Kollegen im Kaffeehaus ihre Freunde trafen, bevorzugte es Karl Kraus, dort seine *Feinde* zu treffen. So attackierte er in seinem Nachruf auf das Griensteidl sowohl Hermann Bahr als auch Hugo von Hofmannsthal, von dem er behauptete, er hätte schon als Mittelschüler seine »letzten Worte« einstudiert. In Arthur Schnitzler sah er den »Dichter, der das Vorstadtmädel burgtheaterfähig gemacht« hat und Felix Salten hielt er vor, der deutschen Grammatik nicht mächtig zu sein. Dafür bekam Kraus von

248

Salten anderntags im Griensteidl eine schallende Ohrfeige verabreicht, was – wie Arthur Schnitzler seinem Tagebuch anvertraute – »allseits freudig begrüßt wurde«.

»Wien wird jetzt zur Großstadt demolirt«, protestierte Karl Kraus. »Mit den alten Häusern fallen die letzten Pfeiler unserer Erinnerungen. Unsere Literatur sieht einer Periode der Obdachlosigkeit entgegen.«

Vom Zusperren des Griensteidl – zuweilen auch »Café Größenwahn« genannt – profitierte das 1876 im Palais Ferstel eröffnete Café Central, das sich jetzt der jungen Literatengeneration um Egon Friedell und Alfred Polgar annahm. Absoluter Mittelpunkt des Central war aber Peter Altenberg, der bis heute als die personifizierte Kaffeehausliteratur gilt. Schon deshalb, weil er – im Gegensatz zu den meisten anderen – tatsächlich im Kaffeehaus schrieb. Das lag daran, dass er nie eine Wohnung besaß und die von ihm bezogenen Hotelzimmer zu klein waren, um seine Notizen und Gedankenskizzen ausbreiten zu können, die ihm wichtige Stützen waren, ehe er zur Feder griff. Und da war eben auf einem leeren Kaffeehaustisch mehr Platz als in seinem heillos überladenen Kabinett im Grabenhotel. In *Lehmann's Adressbuch* stand schwarz auf weiß als sein Hauptwohnsitz: »Altenberg, Peter, I., Herrengasse, Café Central«.

Wenn Altenberg unter seinem weiten Havelock, dem riesigen Schlapphut, umflort von einem wehenden Schal, mit abgetragenen Sandalen an den Füßen, einem Zwicker auf der Nase und einem dicken Knotenstock unterm Arm durch die Stadt Richtung Central marschierte, drehten

Peter Altenberg, Schriftsteller, 1859–1919

sich die Leute um und fragten, ob der Mann verrückt sei. Erst als er berühmt war, akzeptierte man ihn als Teil des Stadtbilds und hegte sogar gewisse Sympathien für ihn. Aber es sollte lange dauern, bis es so weit war, wie er in seiner Autobiografie schreibt: »Ich bin geboren 1862* in Wien. Mein Vater ist Kaufmann ... Man fragte ihn einmal: ›Sind Sie nicht stolz auf Ihren Sohn?‹ Er erwiderte: ›Ich war nicht sehr gekränkt, dass er 30 Jahre lang ein Thunichtgut gewesen ist. So bin ich nicht sehr geehrt, wenn er jetzt ein Dichter ist.‹«

»Die seit acht Monaten nicht bezahlten Kaffees«

Die Wende kam, als Richard Engländer, wie er eigentlich hieß, 34 Jahre alt war. Da saß er gerade im Central und las im *Extrablatt* eine Meldung, derzufolge ein kleines Mädchen auf dem Weg zur Klavierstunde verschwunden war. Aus der Meldung skizzierte er einen literarischen Aufsatz, Schnitzler trat an seinen Tisch, überflog die Zeilen und sagte: »Ich habe gar nicht gewusst, dass Sie dichten!« Die Skizze wurde am folgenden Sonntag in einem Wiener Literatursalon vorgetragen, der dort anwesende Hermann Bahr bestellte bei Altenberg Beiträge für seine Wochenschrift *Die Zeit*, die wiederum Karl Kraus an den Verleger Samuel Fischer schickte. So wurde Peter Altenberg über Nacht berühmt. »Hätte ich damals im Café Central gerade eine Rechnung geschrieben, über die seit Monaten nicht bezahlten Kaffees«, meinte Altenberg, »so hätte Arthur Schnitzler sich nicht für mich erwärmt, Hermann Bahr hätte mir nicht geschrieben ... Alle zusammen jedoch haben mich gemacht. Und was bin ich geworden? Ein Schnorrer!«

---

* Tatsächlich wurde Altenberg 1859 geboren.

Einer der wenigen Literaten, die wirklich im Kaffeehaus schrieben: Peter Altenberg

Mehr Bankier als Kellner

Genau das war auch einer der Hauptgründe, warum das Central seine Heimat wurde. Denn nur dort gab es die Möglichkeit, die Zeche anschreiben zu lassen. So mancher Ober war mehr Bankier als Kellner und drückte nach 24 offenen kleinen Braunen immer noch beide Augen zu.

Altenberg wurde eine über die Grenzen Österreichs hinaus bekannte Erscheinung, eine Symbolfigur des Kaffeehausliteraten im Fin de Siècle. Er war ein Mensch voller Widersprüche, predigte eine diätetische Lebensweise, ernährte sich aber höchst ungesund. Auch als bekannter Autor war er noch Besitzer eines amtlichen Hausiererscheins und immer darauf bedacht, eingeladen zu werden. Er starb 1919 im Alter von sechzig Jahren an einer Lungenentzündung. Der »selbststilisierte Schnorrer« hinterließ eine Barschaft in Höhe von 100 000 Kronen*, die er der Wiener Kinderschutz- und Rettungs-Gesellschaft vermachte.

Vom Café Central ins Herrenhof

Damals war die Blütezeit des Central schon vorbei. Karl Kraus führte die Schar derer an, die das legendäre Kaffeehaus verließen, weil »ein Rudel Talentloser« den genialen Bewohnern gefolgt war, um diese aus purer Neugierde zu beobachten. »Was politisch und erotisch revolutionär war, ging jetzt« laut Anton Kuh »ins neu gegründete Café Herrenhof« in der Herrengasse. Zu seinen Besuchern zählten – neben den »Stars« aus dem Central – Elias Canetti, Gina Kaus, Robert Musil, Joseph Roth, Franz Werfel und Franz Molnár.

---

* Diese Summe entspricht laut »Statistik Austria« im Jahr 2018 einem Betrag von rund 40 000 Euro.

Eine Zeit lang pendelten einige wehmütige Stammgäste noch zwischen den beiden Etablissements. Befand sich ein Dichter nicht im Central, konnte man sicher sein, ihn im Herrenhof anzutreffen und umgekehrt. Der Umstand wurde dem Autor Otto Krzyzanowski zum Verhängnis: Da er aus diesem Grund keinem abging, dauerte es Tage, bis sich herausstellte, dass er in beiden Lokalen fehlte. Dann erst fand man den Schriftsteller tot in seiner Wohnung auf. Er war Tage zuvor verstorben, aber alle seine Freunde dachten, er wäre im »anderen« Kaffeehaus.

Farbskala für zwanzig Kaffeesorten

Während man sich in den herkömmlichen Kaffeehäusern mit Bestellungen wie »Melange«, »Schale Gold« und »Kapuziner« zufriedengeben musste, hatte der Herrenhof-Ober Hermann die Auswahl an Kaffeesorten zur Wissenschaft erhoben. Er trug eine Farbskala mit zwanzig nummerierten Schattierungen von hellbraun bis schwarz bei sich und hatte den Ehrgeiz, seinen Gästen den Kaffee exakt in dem gewünschten Farbton zu servieren. Bestellt wurde nur unter Angabe einer Nummer: »Bitte einen Vierzehner mit Schlag« oder »Hermann, was soll das? Ich hab gesagt einen Achter, und Sie bringen mir einen Zwölfer!«

Das gibt's – es sei einmal mehr festgehalten – wirklich nur bei uns.

Ein Stück literarisches Wien ist schließlich auch das Café de l'Europe, das es an drei verschiedenen Orten gab. Das erste wurde 1874 am Stephansplatz 8 eröffnet. Da es meist durchgehend geöffnet hatte, nannten es die Wiener »Ewiges Kaffeehaus«. Entsprechend bunt war die Schar der

Das »Ewige Kaffeehaus« de l'Europe

Bunt gemischte Stammkundschaft vom Kaiserhaus bis zur Nobeldirne: das Café de l'Europe

Gäste. Neben den Literaten kamen Angehörige des Kaiserhauses, Diplomaten und Offiziere, aber auch Unterweltkönige und die diensttuenden Damen von der Nobelmeile auf der Kärntner Straße, die sich laut Torberg »im de l'Europe von den Strapazen ihres Berufs erholten«.

Die meisten Literaten hatten nicht nur ein Stammcafé, sondern gleich mehrere. Nur so ist's zu erklären, dass man Karl Kraus, Peter Altenberg und Anton Kuh auch im de l'Europe antraf.

Mit dem Zusammenbruch der Monarchie übersiedelte das »Ewige Kaffeehaus« in die nahe Jasomirgottstraße, wo sich nach Hitlers Machtergreifung in Berlin die in Wien lebenden deutschen Emigranten trafen. Einer von ihnen war Bert Brecht, den Karl Kraus mit den Worten »Die Ratten betreten das sinkende Schiff« empfing.

Als er an seinem Stammtisch im de l'Europe von zahlreichen Festnahmen prominenter Kollegen in Deutschland las, rief Brecht: »Heutzutage ist es beinahe eine Schande, nicht verhaftet zu sein!« Worauf ihm ein am Nebentisch sitzender Strizzi den freundschaftlichen Rat erteilte: »Also, *das* kann man sich richten!«

»Also, das kann man sich richten!«

Da das Haus, in dem das zweite de l'Europe untergebracht war, 1945 zerstört wurde, musste ein weiteres Lokal in ebenso prominenter Lage gefunden werden. So entstand nur wenige Meter von den beiden Vorgängercafés entfernt 1951 neben dem Haas-Haus am Graben mit dem dritten de l'Europe Wiens erstes Espresso.

Das Central wurde 1938 ebenso »arisiert« wie das Herrenhof, das nach dem Krieg von 750 Quadratmeter zu einem 60 Quadratmeter kleinen Espresso schrumpfte, bis auch dieses im Juni 2006 endgültig seine Pforten schloss. Das im Krieg zugesperrte Café Central erlebte 1982 seine Wiedergeburt. Das Griensteidl schloss seine Pforten im Jahr 2017. Das Central und das de l'Europe gibt es heute noch.

Wenn auch ohne Literaten.

Zwei Cafés gibt's noch – ohne Literaten

»War gestern die kälteste Nacht des Jahres?«
Kaffeehausliteraten in der Anekdote

◆ Der Dichter und Kulturkritiker Hermann Bahr erhielt die Zuschrift eines Unbekannten, der sich »Loris« nannte. In dem Kuvert lag ein Aufsatz, über den Bahr später so urteilte: »Nie habe ich jemals unter den Beiträgen aus aller Welt eine Arbeit empfangen, die in so beschwingter, adeliger Sprache solchen gedanklichen Reichtum mit leichter Hand hinstreute.«

»Wer ist Loris, wer ist dieser Unbekannte?«, wollte Hermann Bahr wissen. Ein weiser, alter Mann, das schien ihm sicher, ein Mann jedenfalls, der in Wien lebte, und von dem er aus unverständlichen Gründen noch nie gehört hatte. Bahr fand heraus, wie der Unbekannte hieß und lud ihn – man schrieb das Jahr 1891 – zu einer Besprechung ins Café Griensteidl.

»Plötzlich«, erinnerte sich Hermann Bahr, »kam mit leichten, raschen Schritten ein bartloser Gymnasiast mit kurzen Knabenhosen an den Tisch, verbeugte sich und sagte mit einer hohen, noch nicht ganz mutierten Stimme knapp und entschieden: ›Hofmannsthal. Ich bin Loris.‹«

Bahr sah in das Gesicht eines 17-Jährigen und war sprachlos über die Jugend des Dichters. Ein neues Talent war entdeckt.

◆ Peter Altenberg bat eines Tages im Café Central einen am Nebentisch sitzenden Herrn um zwei Kronen, um auf diese Weise zu einer Portion Reisfleisch zu kommen. Der Fremde gab ihm das Geld, Altenberg setzte sich zu ihm und bestellte das Reisfleisch. Als der Dichter gegessen und bezahlt hatte, warf ihm der Spender vor: »Warum verlangen Sie zwei Kronen von mir, Herr Altenberg, wenn Sie doch dem Ober nur 1,20 Kronen bezahlen müssen?«

»Na hören Sie«, erwiderte Altenberg, »haben Sie im Café Central Extrapreise oder ich?«

◆ Als Altenberg ein andermal einen etwas zweifelhaften Gast im Central anpumpte, wurde er gefragt, ob er denn als Schnorrer vor niemandem haltmachte. Da antwortete er: »Die Zeiten sind heutzutage schon so schlecht, dass man gezwungen ist, vor Leuten die Hand aufzuhalten, denen man sie im Normalfall nicht einmal reichen würde.«

◆ Auch Anton Kuh war immer in Geldnöten. Als er einmal keine Idee hatte, die sich in einen Zeitungsartikel umsetzen ließe, tippte er ein bereits erschienenes Feuilleton Egon Friedells ab, das er, versehen mit seinem eigenen Namen, an die Redaktion einer Wiener Zeitung schickte. Kuh, dem schon mehrmals ein Vorschuss ausbezahlt wurde, ohne dass eine Geschichte erschienen war, hoffte, dass dies auch diesmal der Fall sein würde. Und musste zu seiner großen Verblüffung feststellen, dass ausgerechnet dieser Beitrag in Druck ging.

Tage nach Erscheinen des Artikels erhielt er einen Brief Friedells: »Sehr geehrter Herr«, stand da, »überrascht stelle ich fest, dass Sie meine bescheidene Erzählung ›Kaiser Josef und die Prostituierte‹ unverändert, nur unter Hinzufügung der Worte ›Von Anton Kuh‹, veröffentlicht haben. Es ehrt mich selbstverständlich, dass Ihre Wahl auf meine kleine, launige Geschichte gefallen ist, da Ihnen doch die gesamte Weltliteratur seit Homer zur Verfügung stand. Ich hätte mich deshalb gerne revanchiert, aber nach Durchsicht Ihres Gesamtwerkes fand ich nichts, worunter ich meinen Namen hätte setzen mögen.«

◆ Altenberg behauptete von sich, »sogar in der kältesten Nacht des Jahres bei offenem Fenster zu schlafen«. Ein Freund stellte ihn einmal zur Rede: »Peter, ich bin gestern Nacht am Grabenhotel vorbeigegangen, aber dein Zimmerfenster war fest verschlossen.«

»Na und«, erwiderte Altenberg, »war gestern die kälteste Nacht des Jahres?«

◆ Franz Molnár feierte am 23. Dezember 1919 in den Kammerspielen die Premiere seiner Komödie *Der Gardeoffizier*. Vor Beginn der Vorstellung begrüßte Molnár im Theaterfoyer Wiens Kritikerpapst Hermann Bahr. Die beiden Herren verabredeten sich für nachher: Ist das Stück ein Erfolg, den es zu feiern gibt, werde man sich im Sacher treffen. Ist das Stück ein Misserfolg, wolle man im Café Herrenhof zusammenkommen.

Es kam, wie es kommen musste, beide Herren verbrachten den Abend in Einsamkeit. Der Kritiker im Herrenhof, der Dichter im Sacher.

♦ Molnárs Komödie *Spiel im Schloss* wurde 1926 uraufgeführt. Der »rasende Reporter« Egon Erwin Kisch, der als Gast im Publikum saß, wagte die Prophezeiung: »Ich gebe dem Stück höchstens zehn Abende!« Als der Sensationserfolg nach zweieinhalb Jahren und 850 ausverkauften Vorstellungen abgesetzt wurde, begrüßte Molnár seinen Kritiker Kisch im Kaffeehaus mit den Worten: »Lieber Herr Kisch, Sie haben sich nur um 840 Abende geirrt!«

♦ Während Egon Friedell bei seinen Auftritten in Wiener Kabaretts Triumphe feierte, erntete er für seine künstlerischen Ausflüge in Berlin Verrisse. Auf eine solche Kritik, in der man ihn einen »versoffenen Münchner Dilettanten« nannte, reagierte Friedell mit einem offenen Brief: »Es stört mich nicht, als Dilettant bezeichnet zu werden. Dilettantismus und ehrliche Kunstbemühung schließen einander nicht aus. Auch leugne ich keineswegs, dass ich dem Alkoholgenuss zugetan bin, und wenn man mir daraus einen Strick drehen will, muss ich's hinnehmen. Aber das Wort ›Münchner‹ wird ein gerichtliches Nachspiel haben!«

◆ Die Wohnung des Schriftstellers Franz Theodor Csokor war chronisch unaufgeräumt. Als Alfred Polgar ihm einmal einen Besuch abstattete, bot sich dem Freund und Kollegen ein wüstes Durcheinander von Büchern, Zeitungen, Manuskripten und Schreibbehelfen dar. Nichts befand sich dort, wo es hingehörte. Auf dem Schreibtisch lagerte allerlei Esszeug, das Fensterbrett beherbergte Gläser unterschiedlichen Formats, aus dem Nachtkästchen ragte eine Schnapsflasche, und was sich als Decke über das Sofa breitete, war zweifelsfrei einer der Fenstervorhänge.

Polgar zündete sich eine Zigarette an und sah sich um. »Würde es Sie stören, Csokor«, fragte er, »wenn ich die Asche in den Aschenbecher gebe?«

◆ Polgars Theaterkritiken waren immer sehr pointiert. So gipfelte seine Besprechung eines ebenso langen wie langweiligen Stücks in dem Satz: »Als ich um elf auf die Uhr sah, war es erst halb zehn.«

◆ Mit unglaublicher Eleganz zeigte Polgar seine Ablehnung gegenüber einem Kaffeehausstammgast namens Weiß. Als Polgar einmal das Café Herrenhof verließ, folgte ihm Weiß auf die Straße, gesellte sich devot an seine Seite und stellte ihm die scheinbar ausweglose Frage: »In welche Richtung gehen Sie, Herr Polgar?«

Er erhielt den prompten Bescheid: »In die entgegengesetzte!«

◆ Wie kein anderer verstand es Friedell, mehrere Tätigkeiten miteinander zu verbinden. Es kam sogar vor, dass der Kritiker Friedell (unter einem Pseudonym) glänzend über den Schauspieler Friedell schrieb. Nach einer vom Kritiker Friedell hochgelobten schauspielerischen Leistung Friedells sagte er zu seinem Freund Willi Forst: »Du wirst es nicht glauben, kaum war die Zeitung erschienen, war ich bereits arrogant, weil ich so eine gute Kritik hatte.«

◆ Ein junger Autor bat Friedell im Kaffeehaus um eine Empfehlung für sein erstes Drama. »Schauen Sie«, meinte Friedell, »wozu soll das gut sein. Ist das Stück gut, braucht es meine Empfehlung nicht, ist es schlecht, macht es auch so seinen Weg.«

◆ Karl Farkas zählte in den 1920er-Jahren zu den jüngsten Stammgästen des Central. Später erinnerte er sich, wie er als mittelloser Schauspieler in der Nähe der etablierten Größen Platz nahm: »Wir Jungen hatten ja kein Geld. Wir kamen gleich nach dem Mittagessen ins Café Central, haben unzählige Gläser Wasser und Zeitungen konsumiert, bis vier Uhr Nachmittag saßen wir dort und dann sagten wir zum Ober: ›Jean, reservieren Sie mir meinen Sessel, ich geh nur rasch nach Hause einen Kaffee trinken.‹«

◆ Als Anton Kuh von Hitlers Drohung, in Österreich einzumarschieren, erfuhr, entwarf er im Kaffeehaus einen Plan, wie die Republik Österreich diesem Erpressungsversuch entgehen könnte. Österreichs damaliger Unterrichtsminister Hans Pernter bekam auf verschlungenen Wegen Wind von Kuhs Ideen und bat den Dichter, ihn mit diesem Plan vertraut zu machen. Kuh kam der Einladung nach, ging aber im Anschluss daran in seine Wohnung und packte die Koffer. »Zu einer Regierung«, begründete er den Schritt, »die sich von mir, Anton Kuh, Ratschläge geben lässt, habe ich kein Vertrauen mehr.«

Sprach's, verließ das Land in Richtung Amerika und kehrte nie wieder zurück.

Beethovens letzte Reise
Im offenen Wagen dem Tod entgegen

Johann van Beethoven, der um sechs Jahre jüngere Bruder des Musikgenies, hatte es als geschickter – andere sagen: als gefinkelter – Geschäftsmann zu einem beträchtlichen Vermögen gebracht. Er besaß eine Apotheke in Linz, von wo aus er Napoleons Truppen mit Heilmitteln und Verbandszeug belieferte, was nicht gerade als ehrenvoll galt, weil sich die Franzosen mit Österreich im Kriegszustand befanden und das Land besetzt hielten.

Johann van Beethoven, Apotheker, Gutsbesitzer, Beethovens Bruder, 1776–1848

Nach dem Ende der napoleonischen Kriege ließ sich der solcherart reich gewordene Johann 1819 in Gneixendorf bei Krems nieder, wo er einen 120 Hektar großen Gutsbesitz samt feudalem *Wasserhof* erwarb, um ihn zu bewirtschaften und für sich und seine Familie adaptieren zu lassen. Ludwig und Johann hatten seit ihrer Kindheit ein gutes Verhältnis zueinander, und so ist's kein Wunder, dass der eine Bruder den anderen auf seinen nahe der Wachau gelegenen Landsitz einlud. Tatsächlich hat Ludwig van Beethoven hier in Gneixendorf sein letztes Quartier bezogen, ehe er sich in einer offenen Kutsche auf dem Rückweg nach Wien eine schwere Lungenentzündung zuzog und bald darauf starb.

Gneixendorf, heute ein Stadtteil von Krems

263

Ludwig van Beethoven, Komponist, 1770–1827

Vorerst zierte sich der Musiker von einem Sommer zum anderen und fand immer neue Ausreden, warum er nicht nach Gneixendorf kommen könne. Dahinter steckte wohl eine Aversion gegen Johanns Frau Theresia van Beethoven, eine ehemalige Dienstmagd, die aus einer früheren Beziehung eine uneheliche Tochter namens Amalia hatte. Ludwig lebte mit strengen, unverrückbaren Grundsätzen, die eine solche »Verfehlung« seiner Schwägerin nicht zuließen*.

Im September 1826 sollte sich die Situation nach einem dramatischen Vorfall ändern. Beethovens Neffe Karl, den er nach dem Tod seines zweiten Bruders Kaspar adoptiert hatte und wie ein eigenes Kind liebte, verübte einen Selbstmordversuch, womit man sich damals strafbar machte. Wohl um dem Neffen die polizeilichen Ermittlungen zu ersparen, nahm Beethoven jetzt die seit Langem ausgesprochene Einladung von Bruder Johann an, um mit Karl in Gneixendorf den letzten Herbst seines Lebens zu verbringen.

Karl van Beethoven, Beethovens Neffe, 1806–1858

Von Wien nach Krems war's eine Zweitagereise. Johann holte Beethoven und den Neffen am 29. September 1826 um fünf Uhr früh mit einem Pferdewagen von seiner Wohnung in der Schwarzspanierstraße ab. Man übernachtete in Stockerau und nahm am nächsten Morgen das Frühstück in Kirchberg am Wagram ein. Am Nachmittag kamen die Beethovens im Ort Gneixendorf an, dessen Name der

---

* Und das, obwohl Ludwig van Beethoven aus der Liaison mit seiner »unsterblichen Geliebten« Josephine von Stackelberg vermutlich selbst eine Tochter hatte.

Komponist mit dem Ton einer brechenden Wagenachse verglich.

Wir wissen relativ genau, worüber Beethoven sich in dieser Zeit mit seiner Umwelt unterhielt, weil er bereits seit sieben Jahren vollkommen taub war und mithilfe sogenannter Konversationshefte, die vielfach erhalten blieben, kommunizierte. Seine Gesprächspartner wandten sich ausschließlich schriftlich an ihn, er reagierte meist mündlich, manchmal schriftlich. Den Konversationsheften ist zu entnehmen, dass sich sowohl Bruder Johann als auch Neffe Karl fürsorglich um das Wohl des körperlich geschwächten Beethoven bemühten.

Die Konversationshefte des Komponisten

Die drei Männer gingen noch am Tag der Ankunft gemeinsam aufs Feld. »Um wie viel Uhr brauchst du warmes Wasser?«, notierte Johann, und fragte weiter, ob ihm das Frühstück »gewöhnlich um halb acht Uhr« recht sei. Man erfährt aus den Konversationsheften, dass Beethoven Ausfahrten nach Krems, Langenlois und Lengenfeld unternahm und sich in den ersten Gneixendorfer Tagen sehr wohlfühlte. Einmal schrieb das sonst als missmutig verschriene Genie sogar nieder: »Freu dich des Lebens!«

Theresia van Beethoven hatte zur Unterstützung ihres Schwagers den aus Gneixendorf stammenden Diener Michael Krenn eingestellt, der 36 Jahre später dem mit Nikolaus Lenau befreundeten Beamten Friedrich von Kleyle seine Erinnerungen an Beethoven anvertraute. Durch sie wissen wir weitere Details über die Lebensumstände des Komponisten in dem dreihundert Seelen zählenden Ort Gneixendorf: »Die erste Zeit machte ihm die Köchin das Bett. Beethoven saß einmal bei einem

Beethoven jagt die Köchin aus dem Zimmer

265

Tische, agierte mit den Händen, gab mit den Füßen den Takt, sang und brummte dazu. Die Köchin lächelte darüber. Beethoven sah sich zufällig nach ihr um und, als er sie lachen sah, jagte er sie zum Zimmer hinaus.« Daraufhin forderte er Michael Krenn auf, dass von nun an er sich um die Säuberung seines Zimmers kümmern solle.

Der Tagesablauf des Musikgenies Krenns Schilderung verdanken wir die Kenntnis des genauen Tagesablaufs Beethovens in Gneixendorf: Er stand um halb sechs Uhr auf, setzte sich komponierend an seinen Tisch, bis er gegen acht Uhr gemeinsam mit seinem Diener das Frühstück einnahm. Nach dieser ersten Mahlzeit verließ Beethoven das Haus, um - offensichtlich ständig von Musik verfolgt - über die Felder zu spazieren. »Er ging einmal langsam, dann wieder sehr schnell, und blieb plötzlich stehen und schrie. Einmal bemerkte er, wie er nach Hause gekommen war, dass er seine Schriften verloren habe. »Er sagte: ›Michael, laufe und suche meine Schriften, du musst sie mir bringen.‹ Die Schriften wurden auch gefunden.«

Gneixendorfer Bauern bestätigten Michael Krenns Beobachtungen »über Beethovens wunderliches Treiben auf den Feldern. Sie hielten ihn daher auch anfangs für verrückt und gingen ihm aus dem Wege. Als sie später erfuhren, dass er der Bruder des Gutsbesitzers ist, gewöhnten sie sich an ihn und grüßten höflich. Was aber Beethoven, stets in Gedanken versunken, selten oder nie erwiderte.«

Streit mit der Schwägerin Um halb eins nahm Beethoven das Mittagessen ein, »danach ging er auf sein Zimmer und schrieb ungefähr bis drei Uhr, dann ging er wieder auf den Feldern herum, kam aber immer vor Sonnenuntergang nach Hause. Die Zeit,

welche der Meister dann am Schreibtische saß, brachte er nicht ruhig zu, sondern immer abwechselnd mit Takt schlagen und singen. Manchmal spielte er auch Klavier.« Um halb acht traf man sich zum Nachtmahl, bei dem Michael immer neben Beethoven sitzen musste, um ihm, wenn er etwas fragte, die Antworten aufschreiben zu können. »Meistens fragte er, worüber bei Tisch gesprochen wurde. Dann ging er wieder in sein Zimmer und schrieb bis zehn Uhr, um welche Zeit er sich niederlegte.« Überliefert ist auch, dass der dem Alkohol zusprechende Komponist in Gneixendorf viel trank und den Kamptaler Wein, einen Grünen Veltliner, überaus schätzte.

Nach einer Woche relativ friedlichen Zusammenlebens im Wasserhof kam es zum offenen Streit Ludwigs mit sei-

Beethoven liebte die Natur und unternahm oft stundenlange Wanderungen.

nem Bruder, vor allem aber mit seiner Schwägerin Theresia: Beethoven hatte Johann aufgefordert, sein Testament zugunsten seines Neffen und Adoptivsohnes Karl zu ändern, statt das Erbe seiner Frau und deren unehelicher Tochter zukommen zu lassen. Doch Johann dachte nicht daran, seinen Letzten Willen neu zu formulieren.

Beethoven sucht ein neues Quartier

Ludwig reagierte wütend und sah sich in seiner unversöhnlichen Art nach einem anderen Quartier in Gneixendorf um.

Erstens, weil damit zu rechnen war, dass gegen Karl in Wien immer noch ermittelt wurde.

Zweitens war der Schritt für Beethoven nicht ganz untypisch, ist er doch in den 35 Jahren, die er in Wien verbrachte, an die siebzig Mal umgezogen, zumal er sich selten irgendwo wohlfühlte. Einmal hatte er in Wien gleichzeitig vier Wohnungen gemietet.

Und drittens dürfte ihm die liebliche Landschaft des Donautals gefallen haben, weshalb er länger zu bleiben gedachte.

Umzug mit Neffen und Diener

Es fand sich bald eine neue Wohnmöglichkeit. Der Papiermühlen- und Realitätenbesitzer Ignaz Wissgrill bot Beethoven an, sein gerade leer stehendes Haus in der Schlossstraße 19, nur wenige Schritte vom Anwesen des Bruders entfernt, ohne jede Mietzahlung beziehen zu können. Dem reichen Kaufmann war es eine Ehre, den berühmten Komponisten bei sich nächtigen zu lassen, und Beethoven war glücklich, nicht mehr mit der verhassten Schwägerin unter einem Dach wohnen zu müssen. Mit ihm bezogen sein Neffe Karl und der Diener Krenn das Haus.

Beethoven nützte das Angebot weidlich aus und blieb zwei Monate, in denen er auf langen Spaziergängen weiterhin die Umgebung erforschte und komponierte – darunter das Streichquartett op. 135, das letzte von ihm vollendete Werk.

Das als »Kneifelhaus« bekannte Gebäude, in dem Beethoven vor seiner letzten folgenschweren Fahrt nach Wien wohnte, wurde 1866 vom Bildhauer August Kneifel erworben, dessen Familie es heute noch besitzt. Es gibt Historiker, die bezweifeln, dass Beethoven tatsächlich im Kneifelhaus gewohnt hat, zumal es so etwas wie einen Meldezettel damals nicht gab. Um diese Bedenken zu zerstreuen, überreichte mir August Kneifels Ururenkel Martin Gettinger, der heutige Besitzer des Gebäudes, eine Ausgabe der *Gartenlaube* aus dem Jahr 1901. In dieser Zeitschrift ist das Interview mit dem damals 86-jährigen Pensionisten Leopold Kaltenbrunner abgedruckt, der als zwölfjähriger Bauernsohn Beethoven in Gneixendorf kennengelernt hatte und sich im hohen Alter an ihn erinnerte: »Ja, den Beethoven hab i guat kennt, im Kneifelhaus hat er g'wohnt. Muss eh noch das Zimmer da sein, wie's g'west ist, wie er drin g'wohnt hat. Ein alter, grantiger Herr, so viel grantig, aber guat war er – mir hat er oft a Sechserl geben und g'sagt, i soll fleißig sein.« Dem kleinen Leopold, der damals auf der Flöte zu spielen lernte, wurde die ihm unvergessliche Aufgabe zuteil, den 55-jährigen Beethoven auf seinen Wanderungen zu begleiten und ihm immer dann Notenpapier zu reichen, wenn er mit dem Finger schnippte. Das war das Zeichen, dass ihm eine Melodie einfiel, die er augenblicklich aufschreiben wollte.

Wohnte Beethoven wirklich im Kneifelhaus?

»Ein alter, grantiger Herr«

269

*Beethoven blieb
zwei Monate im
Kneifelhaus, ehe er
seine letzte Fahrt
nach Wien antrat.*

Die offizielle Ortschronik von Gneixendorf und die
Überlieferungen der Familien Kneifel und Gettinger bestä-
tigen Leopold Kaltenbrunners Erinnerung, dass Beethoven hier gewohnt hat. In seinen Konversationsheften
schwärmte das Genie auch mehrmals vom Blick seines
Fensters auf Stift Göttweig, der nur vom Kneifelhaus aus
möglich war. Die bunten Papiertapeten mit romantischer
Landschaftsmalerei in den drei Zimmern im ersten Stock,
die Beethoven bewohnt hat, ein Tisch, der Klavierhocker,
die Fußböden, die Deckenbemalung und sogar die Fenster-
scheiben – all das ist im Originalzustand vorhanden.
»Meine Eltern, Groß- und Urgroßeltern, die das Haus
besessen haben, waren sich bewusst, dass das Anwesen ein
kulturhistorisches Juwel ist, und haben daher in die von
Beethoven benützten Räumlichkeiten kaum jemanden
hineingelassen und sie auch nie bewohnt. So konnte vieles
unbeschadet erhalten bleiben.«

270

Am 1. Dezember 1826 trat Beethoven mit seinem Neffen den beschwerlichen Rückweg an. Tragischerweise stand an diesem Tag keine geschlossene Kutsche zur Verfügung, sodass der ohnehin kränkelnde Komponist bei klirrender Kälte in einem offenen zweispännigen Milchwagen Richtung Wien reiste, den sein Arzt Andreas Wawruch später in seinem Bericht als »das elendste Fuhrwerk des Teufels« bezeichnete. Die beiden Tage der Rückreise waren nasskalt und frostig, doch Beethoven – der ursprünglich nicht geplant hatte, so lange in Gneixendorf zu bleiben – trug nur leichte Sommerkleidung.

Beethovens letzte Reise

Nicht genug damit, nächtigte er unterwegs im ungeheizten Zimmer eines Dorfwirtshauses, in dem er gegen Mitternacht von hohem Fieber und schwerem Schüttelfrost heimgesucht wurde. Durch einen trockenen Husten durstig geworden, ließ er sich eiskaltes Wasser bringen, das er in großen Mengen trank. Völlig ermattet sehnte er sich nach dem ersten Lichtstrahl des Tages, ließ sich frühmorgens kraftlos auf den Leiterwagen fallen und langte endlich vollkommen erschöpft in Wien ein. Dr. Wawruch stellte eine schwere Lungenentzündung fest, der Wasser- und Gelbsucht folgten, worauf Beethovens Leberzirrhose zum Ausbruch kam, der er am 26. März 1827 erlag. Die tatsächliche Todesursache war eine Bleivergiftung, nachdem er jahrelang durch Bleizugaben versüßten Wein getrunken hatte.

Während der aus dem frühen 18. Jahrhundert stammende Gneixendorfer *Wasserhof* seines Bruders Johann prächtig renoviert wurde und heute im Besitz eines Architekten, aber für die Öffentlichkeit nicht zugänglich ist, bedarf das Kneifelhaus in der Schlossstraße 19 der drin-

Bis zu achthundert Jahre alte Mauern

genden Renovierung. Fassade, Wohnräume, die Holzstiegen und Kamine der bis zu achthundert Jahre alten, denkmalgeschützten Mauern müssen umfassend saniert werden. Martin Gettinger, von Beruf Weinbauer, führt Interessierte durch sein renovierungsbedürftiges Anwesen, weiß aber nicht, wie es mit dem vor sich hin moderenden Dornröschenschloss weitergehen soll.

»Mein Arzt ist ein pfiffiger Italiener«
Ludwig van Beethoven in der Anekdote

◆ Der als zerstreut beschriebene Beethoven betrat eines Tages die Stube seines Wiener Stammgasthauses *Zum Schwan*. Er setzte sich an einen Tisch und begann wie immer gleich zu komponieren, wobei er sich so sehr in seine Noten vertiefte, dass er alles um sich vergaß. Als ihn der Kellner nach seinem Wunsch fragte, reagierte Beethoven (der damals noch keineswegs schwerhörig war) nicht. Nach mehreren Stunden stand er, ohne irgendetwas konsumiert zu haben, von seiner Arbeit auf und rief: »Zahlen!«

◆ Selbst Beethoven war nicht davor gefeit, das Talent eines Großen zu übersehen. Ein zwölfjähriger Knabe stellte sich dem Meister vor und gab ihm am Klavier Beweise einer für sein Alter wahrhaft erstaunlichen Fertigkeit. Der junge Mann improvisierte und spielte ein Beethoven-Konzert mit großer Sicherheit. Da der Meister jedoch nicht an Wunderkinder glaubte, schickte er den Knaben wieder fort.

Schließlich konnten ihn Freunde dazu bewegen, ein öffentliches Konzert des jungen Mannes zu besuchen, und jetzt erst erkannte Beethoven, wie sehr er sich geirrt hatte. Er stürzte auf das Podium und umarmte den außergewöhnlich begabten Knaben. Das Wunderkind war Franz Liszt.

◆ Im Sommer 1812 weilten Beethoven und Goethe gleichzeitig in Karlsbad. Die größten Genies ihrer Zeit beschlossen, gemeinsam eine Spazierfahrt zu unternehmen. Die Leute, die den Wagen mit den beiden Männern vorbeifahren sahen, blieben stehen, verbeugten sich und zogen ehrfürchtig ihren Hut.

»Es langweilt mich, so berühmt zu sein«, sagte Goethe. »Schon deshalb, weil mich alle Leute grüßen.«

»Eure Exzellenz brauchen sich nichts daraus zu machen«, erwiderte Beethoven, »vielleicht bin ich es, den die Leute grüßen.«

◆ Als Beethoven zum ersten Mal die *Neunte Symphonie* dirigierte, reagierten die Zuhörer mit heller Begeisterung. Dass er dem Publikum trotz lautstarker Ovationen den Rücken zuwandte, wurde vorerst als Zeichen von Arroganz ausgelegt. Die Sängerin Caroline Unger war es, die begriff, dass der mittlerweile vollkommen taube Komponist den Jubel des Publikums nicht hören konnte. Sie ging auf ihn zu, nahm ihn an den Schultern und zwang ihn, sich mit dem Gesicht den Menschen im Konzertsaal zuzuwenden. Erst jetzt merkte Beethoven, welch großen Triumph er errungen hatte und war tief bewegt.

◆ Sein berühmter Kollege Gioachino Rossini stattete Beethoven 1822 anlässlich eines Wien-Aufenthalts einen Besuch ab. Rossinis Schilderung gibt Zeugnis über die Lebensumstände des Genies: »Ich stieg die Treppen zu der ärmlichen Wohnung Beethovens hinauf, dort fand ich mich auf einer Art Dachboden wieder, der völlig in Unordnung und überaus dreckig war. Besonders erinnere ich mich an die Zimmerdecke. Sie befand sich unmittelbar unter dem Dach und ließ starke Risse erkennen, durch die sich bei Schlechtwetter wohl Regen in Strömen ergoss.«

Beethoven bemerkte zunächst nicht, dass ein Gast eingetreten war. »Er blieb weiter sitzen, über Korrekturen gebeugt, die er zu Ende las. Dann hob er den Kopf und sagte in anständigem Italienisch: ›Ah, Rossini, der Komponist des *Barbier von Sevilla*. Meine herzlichen Glückwünsche! Das ist eine ausgezeichnete Opera buffa. Ich habe mit großem Vergnügen darin gelesen und alles sehr genossen.‹«

Rossini kritzelte seinem Gastgeber ein paar Worte auf ein Blatt Papier, die ihn seiner grenzenlosen Bewunderung versicherten, worauf Beethoven mit einem tiefen Seufzer erwiderte: »O, ich Unglücklicher!«

Als der Italiener nach kurzem Gedankenaustausch zum Abschied aufbrach, rief Beethoven ihm noch nach: »Und machen Sie noch vieles wie den *Barbier*!«

Rossini beendete seinen Bericht mit den Worten: »Als ich die verfallene Treppe hinabstieg, konnte ich meine Tränen nicht mehr zurückhalten.«

◆ Der aus Italien stammende Arzt Johann Malfatti eröffnete in jungen Jahren eine Ordination in Wien, deren prominentester Patient Beethoven war. Das Musikgenie vertraute nur Malfatti, verliebte sich aber unglückseligerweise in dessen Tochter Hedwig. Als das hübsche Mädchen ihn zurückwies, reagierte der Komponist beleidigt: »Mein Arzt ist ein pfiffiger Italiener und hat es mehr auf meine Börse als auf meine Gesundheit abgesehen.« Malfatti weigerte sich daraufhin, Beethoven weiterhin zu behandeln.

Als sich im Frühjahr 1827, nach der Rückkehr aus Gneixendorf, sein Gesundheitszustand verschlechterte, trat ein Konsilium von vier Medizinern an Beethovens Krankenlager. Der rief ihnen zu: »Alle Ärzte sind Esel, nur Malfatti kann mir helfen!« Von seinen Kollegen über den Ernst der Lage unterrichtet, kam Malfatti zu seinem früheren Patienten in die Schwarzspanierstraße. Er erkannte das nahende Ende Beethovens und gestattete ihm eine Portion Punscheis. Wenige Tage danach war Beethoven tot.

Anton Schindler, der erste Biograf des Komponisten, bezeichnete Malfatti als »Beethovens Mörder«, da dieser seiner Behandlungsmethode zum Opfer gefallen sei. Die Behauptungen Schindlers waren jedoch nur ein persönlicher Rachefeldzug gegen Malfatti, der Beethoven – wohl nicht zu Unrecht – als Alkoholiker bezeichnet hatte. Dies passte Schindler nicht ins Konzept, da er den Komponisten in seinem Buch glorifizieren wollte.

Dem Obduktionsbefund ist zu entnehmen, dass Beethovens Zustand zu diesem Zeitpunkt hoffnungslos war und das Punscheis absolut nichts mit seinem Ableben zu tun hatte. Malfatti wollte nichts anderes, als Beethoven die letzten Stunden zu erleichtern.

Zyankali statt Potenzmittel
Der Kriminalfall Hofrichter

Zum ersten Mal wurde ich auf den Fall Hofrichter durch Paul Hörbiger aufmerksam gemacht, als ich im Jahr 1979 als dessen Ghostwriter seine Memoiren schrieb. Der Volksschauspieler und sein Bruder Attila waren unmittelbar nach Ausbruch des Ersten Weltkrieges als junge Rekruten in die Militärstrafanstalt Möllersdorf südlich von Wien befohlen worden, wo sie die Aufgabe hatten, in abwechselnden Schichtdiensten den berüchtigten Giftmörder Adolf Hofrichter zu bewachen.

Jenen ehemaligen k. u. k. Oberleutnant Hofrichter, der in den letzten Jahren der Monarchie durch einen der Aufsehen erregendsten Kriminalfälle seiner Zeit die Gemüter der Österreicher bewegt hatte: Im Herbst 1909 war einem Dutzend Generalstabsoffizieren per Post je eine Packung »Potenzmittel mit verblüffender Wirkung« als »Werbesendung« kostenlos ins Haus geliefert worden. Als Absender stand der Name »Charles Francis, Wien« auf den Kuverts, und in einem beigelegten Schreiben wurde empfohlen, »zwei Pillen unmittelbar vor Verkehr« einzunehmen.

Der Hauptmann des Generalstabs Richard Mader erwartete just an diesem Tag – es war der 17. November 1909 –

Erwartete Damenbesuch:
der Hauptmann des Generalstabs
Richard Mader

in seiner Wohnung in der Hainburger Straße 56 in Wien-Landstraße Damenbesuch. Gegen 18 Uhr ging sein Offiziersbursche Anton Tomola kurz weg, um sich sein Abendessen zu besorgen. Kurz danach nahm der Offizier die ihm zugeschickten Kapseln ein, die von Oblaten umhüllt waren und im hektografierten Begleittext als »unfehlbares Mittel zur Stärkung der Manneskraft« bezeichnet wurden.

Richard Mader setzte sich nach Einnahme der Pillen an seinen Schreibtisch und verfasste einen Brief an seine Ver-

Richard Mader,
k. u. k. Haupt-
mann des
Generalstabs,
1880–1909

279

*Hauptmann
Mader liegt
sterbend am
Boden*

lobte, die Chansonsängerin Annie Myrtley, eine gebürtige Amerikanerin, die gerade im *Kolosseum* in Frankfurt am Main gastierte. Der Hauptmann schaffte gerade zweieinhalb Seiten, die von schmachtender Sehnsucht getragen waren, als er plötzlich einen stechenden Schmerz verspürte und das Bewusstsein verlor. Nie und nimmer hätte er damit gerechnet, dass die geliebte Annie durch polizeiliche Ermittlungen erfahren sollte, dass er an diesem Abend den Besuch einer anderen Dame erwartet hatte.

Als der Bursche nach einer knappen halben Stunde mit dem Abendessen in die Junggesellenwohnung des Offiziers zurückkam, fand er den eben noch gut gelaunten jungen Mann sterbend am Boden liegend vor. Ein schnell zu Hilfe gerufener Arzt konnte nur noch Maders Tod feststellen.

Dem Obduktionsbefund war zu entnehmen, dass der Hauptmann an einer Zyankalivergiftung gestorben war. Als das feststand, schickte Franz Conrad von Hötzendorf, der Chef des Generalstabs, eine Warnung an alle militärischen Kommandobehörden Österreich-Ungarns, um sämtliche Offiziere und Soldaten vor weiteren Briefsendungen dieser Art zu warnen. Tatsächlich meldeten sich elf Generalstäbler, denen Post mit identischem Inhalt zugestellt worden war. Auch die bei ihnen eingelangten Kuverts enthielten, wie sich nach eingehenden Untersuchungen herausstellte, eine tödliche Dosis Zyankali. Glücklicherweise hatte keiner außer Mader zu den als Aphrodisiakum getarnten Giftpillen gegriffen.

In allen Teilen der Donaumonarchie stellte man sich die Frage, wer hinter den Giftanschlägen stecken könnte.

*Elf weitere
Offiziere erhielten
Zyankali*

Hatte hier ein eifersüchtiger Ehemann gewütet oder hatten Agenten einer fremden Macht versucht, den k. u. k. Generalstab, die höchste militärische Kommandobehörde der Monarchie, durch eine gezielte Aktion auszuschalten?

Im Wiener Sicherheitsbüro wurde eine Sonderkommission gebildet, die diesen Fragen gemeinsam mit der Generalstabsführung und anderen Militärbehörden nachgehen und dem Täter auf die Spur kommen sollte. Man arbeitete auf Hochtouren, zumal zu befürchten war, dass weitere solcher Lieferungen an die Offizierselite unterwegs sein könnten.

Charles Francis gibt es nicht

Erste Ermittlungen ergaben, dass sämtliche Postsendungen am 14. November 1909 um acht Uhr früh beim Postamt Mittelgasse in der Nähe des Westbahnhofs abgestempelt worden waren. Auch war bald klar, dass es einen Herrn namens »Charles Francis« nicht gab. Und dass alle zwölf Empfänger der tödlichen Pillen Absolventen des Kriegsschuljahrganges 1905 waren.

Dieser Umstand ließ die untersuchenden Militärbeamten vermuten, dass der Täter mit großer Wahrscheinlichkeit in den eigenen Reihen zu suchen war. Der Verdacht lag nahe, dass ein Kriegsschulkamerad, der es nicht in den Generalstab geschafft hatte, der Täter sein könnte. Mit dem Ziel, durch Beseitigen der vor ihm gereihten Kandidaten doch noch in die Eliteeinheit aufrücken zu können. Wer auch immer der Täter war – für die Untersuchungsbehörden stand fest, dass es sich hier um einen Kriminalfall von nie da gewesener Dimension handelte, der das Ansehen der k. u. k. Armee wie kein anderer erschütterte.

Der Kriminalfall erschüttert die k. u. k. Armee

281

Zur Truppe zurückversetzt

Zunächst begab man sich im Umfeld des Postamtes Mittelgasse auf die Suche nach etwaigen Zeugen, die einen Verdächtigen gesehen haben könnten, der zur fraglichen Zeit mehrere Pakete in mittlerer Größe in den Briefkasten geworfen hatte. Diese Ermittlungen verliefen negativ, niemand hatte eine solche Person beobachtet. Gleichzeitig wurden Schriftsachverständige beauftragt, die Handschrift des Begleitbriefes mit der von Personen zu vergleichen, die möglicherweise unter Verdacht geraten könnten.

Die Militärbehörden konzentrierten sich auf junge Kriegsschulabsolventen und nahmen rund vierzig Offiziere des Absolventenjahrgangs 1905 ins Verhör. Es dauerte nicht lange, bis man auf den Oberleutnant des in Linz stationierten Infanterieregiments Nr. 14, Adolf Hofrichter, stieß, der dem Generalstab bereits angehört hatte, jedoch aufgrund mangelnder Leistungen wieder zur Truppe zurückversetzt worden war. Für ihn bestand kaum Aussicht, noch einmal in das Elitekorps geholt zu werden, da im Generalstab keine Stelle frei war. Der Verdacht fiel auf Hofrichter, da sämtliche Männer, die die Giftsendungen erhalten hatten, vor ihm gereiht waren und kein Einziger hinter ihm. Wären fünf der mit Zyankalisendungen versehenen Offiziere gestorben, hätte er eine Chance zum Aufstieg und damit zur Rückkehr in den Generalstab gehabt.

»Überaus ehrgeiziger Offizier«

Hofrichter wurde von seinen Vorgesetzten als »begabter, edelmütiger, aufopferungsfähiger und überaus ehrgeiziger Offizier« beschrieben. Kameraden erzählten, dass es Hofrichter wichtig war, seiner Frau ein Leben an der Seite eines Generalstabsoffiziers bieten zu können.

282

Er stand bald unter Verdacht, seinen Offizierskameraden ermordet zu haben: Oberleutnant Adolf Hofrichter.

Nun wurde eruiert, dass Hofrichter am 14. November 1909 um sechs Uhr früh, aus Linz kommend, am Wiener Westbahnhof eingelangt war. Grund seiner Reise war ein Besuch bei seiner schwangeren Frau, die sich bei ihrer Mutter in der Hahngasse 3 in Wien-Alsergrund aufhielt. Schon am nächsten Tag war Hofrichter wieder zurück nach Linz gefahren.

Es war klar, dass Hofrichter im Zuge dieser Reise die Möglichkeit gehabt hätte, die Pakete zum fraglichen Zeitpunkt in der Nähe des Westbahnhofs aufzugeben. Bei einer Hausdurchsuchung in seiner Linzer Wohnung wurden zwar Oblaten gefunden, wie sie die Generalstabsoffiziere erhalten hatten, allerdings kein Zyankali. Weiters

Adolf Hofrichter war in Wien

283

wurden Handschriften Hofrichters und ein Tintenfass beschlagnahmt. Die bisher zutage geförderten Verdachtsmomente reichten, um Oberleutnant Hofrichter am 26. November 1909 in Präventivhaft zu nehmen und in das Wiener Garnisonsgericht am Hernalser Gürtel zu überstellen.

*Hat Hauptmann
Mader Selbstmord
begangen?*

Die Anklage im Militärgerichtsverfahren wurde von Hauptmannauditor Jaroslav Kunz erhoben, Anna Hofrichter verpflichtete den prominenten Wiener Anwalt Richard Pressburger als Strafverteidiger ihres Mannes. Dieser beteuerte anfangs die Unschuld seines Mandanten und sprach die Vermutung aus, dass Hauptmann Mader Selbstmord begangen hätte. Später setzte er sich weniger vehement für Hofrichter ein, und auch seine Frau gelangte zunehmend zu der Meinung, dass die Anklage einen realen Hintergrund haben könnte.

In dem Prozess wurden auch Hofrichters Vorleben und seine Charakterzüge aufgerollt, wobei zur Sprache kam, dass er einst zwei jungen Frauen gleichzeitig die Ehe versprochen hatte: einerseits der Pastorentochter Johanna Amlacher, andererseits seiner späteren Frau Anna Gerasdorfer.

*Der mysteriöse
Tod einer Braut*

Johanna Amlacher war 1905 unter Umständen verstorben, die nie restlos geklärt wurden. Frau Hofrichter sagte nun vor Gericht aus: »Heute bin ich der Überzeugung, dass mein Mann mich vom ersten Augenblicke unserer Bekanntschaft an getäuscht hat; heute halte ich dafür, dass der Tod seiner Braut (Johanna Amlacher) mehr als mysteriös ist und mein Mann auch eventuell dazu fähig gewesen wäre, ein Mädchen, das ihm offenbar im Wege war, zu beseitigen.« Die Militärbehörden veranlassten daraufhin eine Obduktion der fünf Jahre zuvor verstorbenen Frau. Wobei die Gerichtsmediziner zu der Ansicht gelangten, dass Fremdverschulden als Todesursache nicht eindeutig nachzuweisen, dass aber »eine Vergiftung nicht auszuschließen« sei.

Dem Prozess gegen Hofrichter wurden mehrere Psychiater als Sachverständige beigezogen, die dem Beschuldigten erklärten, auf mildernde Umstände nur dann plädieren zu können, falls er sich zu der Tat bekennen würde. Das war wohl der Grund, dass Hofrichter am 26. April 1910 zur großen Überraschung des Gerichts ein umfassendes Geständnis ablegte. Er schilderte den Schmerz und die Schmach, die seine Enthebung aus dem Generalstab in ihm ausgelöst hätten. Und wie der Gedanke gereift sei, seine ihm vorgezogenen Kameraden aus dem Weg zu räumen. Hofrichter gab zu, die vergifteten Pillen an mehrere Offiziere verschickt zu haben, um auf diese Weise wieder in den Generalstab gelangen zu können. Er hätte das alles nur seiner Frau zuliebe – und ohne deren Wissen – getan, weil sie die Zurücksetzung nicht verschmerzen konnte.

Hofrichter legt ein umfassendes Geständnis ab

Hofrichter zeigte, als er vor der Gerichtskommission das Geständnis ablegte, keinerlei Reue und stellte die Tat so dar, als wäre sie im Affekt geschehen.

Als er am 10. Mai 1910 wieder vor seinen Richtern stand, widerrief Hofrichter alles, was er zugegeben hatte. Doch die vorliegenden Indizien reichten, wie Bernhard Wenning in seiner Dissertation zum »Fall Hofrichter« festhielt, zur Anklage:

Hofrichter widerruft das Geständnis

Hofrichter legt das Geständnis ab.

Das Geständnis hielt nur wenige Tage: Hofrichter vor dem Militärgericht, Illustriertes Wiener Extrablatt, 30. April 1910

- Hofrichter war vom Generalstab zur Truppe zurückversetzt worden.

- Die Giftsendungen waren ausschließlich an vor ihm gereihte Offiziere gerichtet.

- Hofrichter kam am 14. November 1909 um sechs Uhr früh am Wiener Westbahnhof in unmittelbarer Nähe des Briefkastens an, von dem aus die Pakete an diesem Morgen verschickt wurden.

- Die Schachteln und Umschläge der Giftsendung konnte man in einer Linzer Papierhandlung käuflich erwerben.

- Der Verdächtige hatte vor dem 14. November 1909 in einer Linzer Apotheke Oblatenkapseln und in einer Papierhandlung Schachteln und Umschläge gekauft, wie sie bei den Anschlägen verwendet wurden.

- Hofrichters Handschrift stimmte mit jener der hektografierten Begleitbriefe der Giftsendungen überein.

- Auf Hofrichters Schreibtisch befand sich die Tinte, mit der die Begleitbriefe geschrieben worden waren.
- Hofrichter war begeisterter Hobbyfotograf, wodurch er an Zyankali gelangen konnte. Das hochgiftige Kaliumcyanid wurde damals in Drogerien und Apotheken an Fotografen abgegeben, die ihre Bilder selbst entwickeln wollten.

Hätte Hofrichter sein Geständnis nicht zurückgezogen, wäre er mit hoher Wahrscheinlichkeit zum Tod durch den Strang verurteilt worden. Infolge des Widerrufs stellte der Oberste Militärgerichtshof jedoch am 28. Mai 1910 den Antrag: »Der Beschuldigte soll wegen Verbrechens des Meuchelmordes, des mehrfachen Mordversuchs, des Missbrauchs der Amtsgewalt« und anderer Delikte »mit schwerem Kerker in der Dauer von zwanzig Jahren, verschärft durch hartes Lager an den Fasttagen und dreitägige einsame Absperrung in dunkler Zelle am 12., 13. und 14. November eines jeden Strafjahres bestraft werden.«

»Wegen Verbrechens des Meuchelmordes ...«

Der Urteilspruch erging dem Antrag entsprechend einstimmig. Hofrichter wurde am 27. Juni 1910 in die Militärstrafanstalt Möllersdorf überstellt, wo ihn ab Juli 1914 die Brüder Hörbiger bewachten.

»In den Zeitungen«, erinnerte sich Paul Hörbiger, »tauchten die abenteuerlichsten Meldungen über unseren Gefangenen auf. Einmal hieß es, er werde in Möllersdorf ›zu brutal‹ behandelt, ein anderes Mal wurde uns vorgeworfen, der Giftmörder werde gegenüber den anderen Häftlingen ›bevorzugt‹, ja er dürfe sogar Bürodienst versehen. In Wirklichkeit war es so, dass Hofrichter im Gefängnis einen

Die Bewacher dürfen nicht antworten

Ofen gebaut hat. Die Zellentür war geöffnet, so dass er vom Gang Mörtel und Ziegel holen konnte.« Hofrichter hat die Brüder Attila und Paul Hörbiger immer wieder gefragt, wie es um den Krieg stünde und zeigte sich am Weltgeschehen interessiert. Doch seine Bewacher hatten die strikte Anweisung, dem Gefangenen keine Antworten zu geben.

Hofrichter zeigt einen Bewacher an

Was laut Paul Hörbiger »wohl daran lag, dass ihm ein bosnischer Soldat, der ihn früher einmal bewacht hatte, widerrechtlich Papier und Bleistift gab, worauf Hofrichter den gutmütigen Kerl sofort angezeigt hat. Es gab daraufhin wilde Spekulationen, dass der Giftmörder seiner Frau schreiben wollte, damit sie ihm zur Flucht verhelfe.«

Hofrichters Gesundheitszustand war immer ein Thema, erinnerte sich Paul Hörbiger weiter. »Es reichte von einer Tuberkuloseerkrankung bis zu schweren Depressionen. Ein Militärpsychiater erklärte ihn für absolut normal. Ich war – ehrlich gesagt – nicht ganz dieser Meinung. Aber ich war ja nur ein kleiner Bewacher.«

Hofrichter wird begnadigt

Adolf Hofrichter wurde nach dem Zusammenbruch der Monarchie begnadigt und aus der Militärstrafanstalt Möllersdorf entlassen. Er nahm den Namen Adolf Richter an, heiratete nach der Scheidung von seiner Frau ein zweites Mal und fand einen Posten als Kanzleikraft. Im Jahr 1922 hielt er im Theaterverein Wien X. den Vortrag *10 Jahre im Kerker zu Möllersdorf**, in dem er eine Unzahl von Verschwörungstheorien verbreitete und sich einmal mehr als

---

* Eine Druckschrift des Vortrags befindet sich in der Österreichischen Nationalbibliothek.

unschuldig bezeichnete: »Welch riesiger Apparat wurde damals in Bewegung gesetzt, und doch fand sich nicht ein einziger Beweis meiner Schuld – klar, denn ich war nicht der Täter. Nur schwankender Verdacht allein genügte meinem Richter, mich auf 20 Jahre lebendig zu begraben. Hauptmannauditor Jaroslav Kunz hatte durch meine Verurteilung eine Heldentat vollbracht, die mit dem Franz-Josef-Orden belohnt wurde, das ist doch ein schöner Preis für ein vernichtetes Menschenleben ...«

Hofrichters Antrag, im Zweiten Weltkrieg in die Deutsche Wehrmacht eingegliedert zu werden, wurde nicht stattgegeben. Er starb am 29. Dezember 1945 in Wien und wurde am Zentralfriedhof beerdigt. Seine zweite Frau folgte ihm 1997, über neunzig Jahre alt geworden, in den Tod. Die Pflege des Grabes wird heute noch von anonymer Seite bezahlt. Nachkommen oder Verwandte gibt es nicht.

Hofrichters Verschwörungstheorien

Ein Detektiv schreitet ein
Der Fall Hofrichter in der Anekdote

◆ Als im Laufe der Untersuchungen gegen Adolf Hofrichter immer mehr Indizien auf seine Schuld hinwiesen und selbst seine Frau – die ursprünglich zu ihm hielt – zu dem Schluss gelangte, dass er der Täter sein könnte, soll sie eine Beziehung mit seinem Anwalt Richard Pressburger eingegangen sein. Jedenfalls wurde von Hofrichters Familie ein Detektivbüro beauftragt, seine Frau zu überwachen. In seinem 1922 gehaltenen Vortrag *10 Jahre im Kerker zu Möllersdorf* beschrieb Hofrichter eine Szene vor Gericht mit den Worten: »Als ich mich plötzlich wieder meiner Frau zuwende, hoffend, doch einen Blick alter Liebe zu empfangen, da sehe ich, wie Dr. Pressburger ihr zärtlich das Haar streichelt, wie sie ihm die Hand küsst, die er ihr lächelnd überlässt.«

Angeblich soll sie der Anwalt auch an ihrem Zweitwohnsitz am Semmering mehrmals besucht haben. Frau Hofrichter wandte sich von ihrem Mann ab und reichte die Scheidung ein – über die Kanzlei Pressburger.

Danksagung

Der Autor dankt den folgenden Personen für Auskünfte und Mitarbeit zu diesem Buch: Rotraut Witetschka, Eva Veit-Witetschka, Ulrich Veit, Julius Müller (Kapitel Kammerdiener Loschek); Irmgard Höcher, Günter Fuhrmann, Joseph van Loon (Familie Sachsen-Coburg); Harald Seyrl (die Kriminalfälle um Franz Lehár, Paula Wessely, Leo Slezak); Günther Pointinger, Theresia Schinwald † (Beruf: Riese); Gustav Zimmermann, Lucina Kunz (Klimts Geliebte spricht); Johanna Holaubek, Josef Holaubek † (Brand der Wiener Rotunde); Agnes Wagner, Wolfgang Brandstetter (Räuberhauptmann Grasel); Johannes Kunz (Franz Liszt zertrümmert jedes Klavier); Alexandra Gütermann, Sylvia Eisenburger-Kunz (Karajans unbedankte zweite Frau); Gerhard Magenheim † (Johann Nepomuk Nestroy, Moritz Gottlieb Saphir); Judith Pór-Kalbeck † (Wer war die Tante Jolesch?); Martin Gettinger, Karin Krasa (Beethovens letzte Reise); Paul Hörbiger † (Kriminalfall Hofrichter); weiters Madeleine Pichler und Sabine Zeiler vom Amalthea Verlag sowie Brigitte Sinhuber-Harenberg und Dietmar Schmitz.

291

QUELLENVERZEICHNIS

Bücher

Louise von Coburg, *Throne, die ich stürzen sah*, Wien 1926.

Günter Fuhrmann, *Haus der Könige, Das Wiener Palais Coburg, Throne, Triumphe, Tragödien*, Wien 2018.

Alexandra Gütermann, *Anita von Karajan, Lebensgeschichte und Liebesbeziehungen einer außergewöhnlichen Frau*, Gutach im Breisgau 2017.

Paul Hörbiger, *Ich hab für euch gespielt, Erinnerungen*, aufgezeichnet von Georg Markus, Wien-München 1979.

Jan Jiracek von Arnim, *Franz Liszt, Visionär und Virtuose, Eine Biografie*, St. Pölten-Salzburg 2011.

Eugen Ketterl, *Der alte Kaiser wie nur Einer ihn sah, Der wahrheitsgetreue Bericht des Leibkammerdieners Kaiser Franz Josephs I.*, Wien 1929.

Fritz Kortner, *Aller Tage Abend, Autobiographie*, München 1996.

Johannes Kunz, *Bösendorfer, Eine lebende Legende*, Wien 2002.

Stasi Lohr, *Drum hab i Wean so gern, Wien und seine Lieder*, Wien-München 1980.

Josef Luger, Johannes Bierbaumer, Rudolf Neumayer, *Heimatbuch der Marktgemeinde Lanzenkirchen (Kleinwolkersdorf)*, Lanzenkirchen 1985.

Franz Mailer (Hrsg.), *Johann Strauss. Leben und Werk in Briefen und Dokumenten*, Tutzing 1993–2007.

Georg Markus, *Kriminalfall Mayerling, Leben und Sterben der Mary Vetsera*, Wien-München 1993.

Georg Markus, *Sie werden lachen, es ist ernst, Eine humorvolle Bilanz des 20. Jahrhunderts aus Österreich*, Wien-München 1999.

Georg Markus, *Die Enkel der Tante Jolesch*, Wien-München 2001.

Georg Markus, *Meine Reisen in die Vergangenheit*, Wien 2002.

Georg Markus, *Das heitere Lexikon der Österreicher*, Wien 2003.

Georg Markus, *Adressen mit Geschichte, Wo berühmte Menschen lebten*, Wien 2005.

Georg Markus, *Die Hörbigers, Biografie einer Familie*, Wien 2006.

Georg Markus, *Unter uns gesagt. Begegnungen mit Zeitzeugen, Mit einem Vorwort von Hugo Portisch*, Wien 2008.

Georg Markus, *Wie die Zeit vergeht, Neues, Heiteres und Spannendes aus Österreich*, Wien 2009.

Anton Mayer, *Franz Liszt, Musikgenie und Frauenschwarm*, Wien 2010.

Helene Odilon, *Das Buch einer Schwachsinnigen, Lebenserinnerungen*, Berlin 1909.

Ernst Pichler, *Beethoven, Mythos und Wirklichkeit*, Wien-München 1994.

Winfried Platzgummer, Christian Zolles, J. G. Grasel vor Gericht, Die Verhörprotokolle des Wiener Kriminalgerichts und des Kriegsgerichts in Wien, Mit einem Vorwort von Wolfgang Brandstetter, Horn-Waidhofen an der Thaya 2013.

Marcel Prawy, *Johann Strauß, Weltgeschichte im Walzertakt*, Wien-München-Zürich 1975.

Manfred & Tamara Rachbauer, Franz Winkelmeier, Der Riese von Lengau, Simbach am Inn 2017.

Fürst Karl zu Schwarzenberg, *Geschichte des reichsständischen Hauses Schwarzenberg*, Neustadt an der Aisch 1963.

Harald Seyrl, *Tatort Wien, 2. Band, 1935–1944*, Wien 2009.

Maynard Solomon, *Beethoven, Biographie*, München 1979.

Friedrich Torberg, *Die Tante Jolesch oder Der Untergang des Abendlandes in Anekdoten*, München 1975.

Constantin Wurzbach, *Biographisches Lexikon des Kaisertums Österreich, 33. Teil, Schwarzenberg–Seidl*. Universitätsbibliothek Graz 1877.

Ausstellungskataloge, unveröffentlichte Manuskripte, wissenschaftliche Arbeiten, Zeitungsartikel

Erhard Halm, *Beethoven in Gneixendorf*, Unveröffentlichtes Manuskript, 1966.

Adolf Hofrichter, *10 Jahre im Kerker zu Möllersdorf*, Vortrag gehalten im *Theaterverein Wien X*, 1922, Österreichische Nationalbibliothek.

Carl Hutterstrasser, *100 Jahre Bösendorfer*, Unveröffentlichtes Manuskript, Wien 1928.

Johann Loschek, *Lebenslauf, Die richtige Darstellung des Dramas von Mayerling*, Unveröffentlichtes Manuskript, 1928.

Gerhard Magenheim, *Adolf Bäuerle, Biographie und kommentierte Briefedition*, Unveröffentlichtes Manuskript, Wien 1994.

Günther Pointinger, *Der Riese von Lengau: Franz Winkelmeier*, Riesenmuseum Lengau, o. J.

Christian Reiter, *Beethovens Todesursache und seine Locken, Eine forensisch-toxikologische Recherche*, Mitteilungsblatt der Beethoven-Gesellschaft Wien 2007.

Werner Sabitzer, *Die Hofratstochter und der Prinz*, Öffentliche Sicherheit 11–12/2015.

Agnes Wagner, *Johann Georg Grasel, Räuberhauptmann*, Museen der Stadt Horn 2015.

Bernhard Theodor Wenning, *Die Affäre Hofrichter, Der Giftmordprozess gegen OLt. Hofrichter, dargestellt anhand von Untersuchungs- und Gerichtsakten*, Dissertation Universität Wien 2002.

Jubiläum des Fiakerliedes, Girardi und der unbekannte Komponist, Die Bühne/Heft 27, Wien 1925.

Das Liebesdrama des Prinzen Leopold von Koburg, Authentische Enthüllungen über das Attentat der Hofratstochter Kamilla Rybicka, Wiener Sonn- und Montagszeitung, 19. Oktober 1925.

BILDNACHWEIS

PERSONENREGISTER

Affären, Geheimnisse, Skandale

Wenn Georg Markus in der Geschichte gräbt, dann wird er fündig. Er erzählt von tragischen Schicksalen, kuriosen Ereignissen und heimlichen Liebesaffären historischer Persönlichkeiten, Geschichten aus längst verloren geglaubten Tagebüchern, Briefen oder Testamenten und von vielen weiteren außergewöhnlichen Fundstücken aus drei Jahrhunderten.

Aus dem Inhalt:

Anna Sachers süßes Geheimnis
Die Lovestory der verwitweten Hotelbesitzerin

Das Tagebuch des Adjutanten
Vertrauliches aus Kaiser Franz Josephs letztem Lebensjahr

»Das Mädchen ist allerliebst«
Der frühe Tod von Goethes Enkelin in Wien

Frau Alma hatt' auch einen Pfarrer
Der unbekannte Liebhaber einer sehr bekannten Muse

Eine Kaiserin wird wahnsinnig
Der Leidensweg der Charlotte von Mexiko

Malerfürst und »Tochter der Sünde«
Ein Künstler und sein Modell

Das Jagdschloss von Mayerling
Die Geschichte vor der Tragödie

u. v. a.

Georg Markus

Fundstücke

Meine Entdeckungsreisen
in die Geschichte

280 Seiten, mit zahlreichen Abbildungen
ISBN 978-3-99050-104-7
eISBN 978-3-903083-81-3

Amalthea   amalthea.at

Wenn Wände sprechen könnten

Schicksalhafte Begegnungen, Schauplätze für Liebe, Leidenschaft, Mord und politische Intrige – an kaum einem anderen Ort kommt es zu so vielen und so unterschiedlichen historischen Momenten wie hinter den verschlossenen Türen großer Hotels.

Aus dem Inhalt:

Robert Kennedys Ermordung im Ambassador Hotel, Los Angeles
Marlene Dietrich wird im Berliner Hotel Adlon entdeckt
Kronprinz Rudolfs verbotene Treffen im Grand Hotel
Caruso überlebt das große Erdbeben im Palace Hotel, San Francisco
Das Ende des Spions Oberst Redl im Wiener Hotel Klomser
Whitney Houstons Drogentod im Beverly Hilton, Los Angeles
Hitler residiert im Wiener Imperial
Frank Sinatra, die Mafia und das Sands Hotel, Las Vegas
Die Frau Sacher und ihr Hotel
Das Attentat auf Ronald Reagan im Hilton, Washington
Oscar Wildes Verhaftung im Cadogan Hotel, London
Die letzten Stunden der Prinzessin Diana im Pariser Ritz
Thomas Mann am Zauberberg
Der Nixon-Krimi im Watergate Hotel
Oskar Werners einsamer Tod im Hotelzimmer
Billy Wilder als Eintänzer im Berliner Eden-Hotel
Das Hotel, in dem Kaiserin Elisabeth starb
Die Geheimtreffen der Monroe mit John F. Kennedy in New York
Arthur Schnitzlers große Liebe im Kurhotel
u. v. a.

Georg Markus

Hinter verschlossenen Türen

Menschen im Hotel

304 Seiten, mit zahlreichen Abbildungen
ISBN 978-3-99050-050-7
eISBN 978-3-903083-33-2

Amalthea   amalthea.at

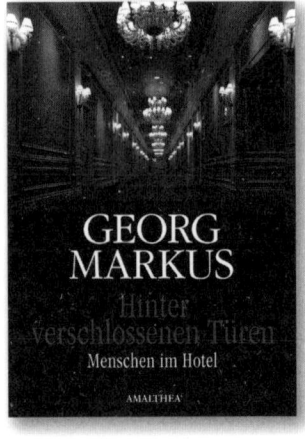